누가 AI 챔피언이 되는가?

AX(AI Transformation) 리더십

누가 AI 챔피언이 되는가?

AX^(AI Transformation)리더십

초판 1쇄 인쇄 2025년 10월 23일
초판 1쇄 발행 2025년 11월 6일

지은이 김경수

발행인 백유미 조영석

발행처 (주)라온아시아
주소 서울특별시 서초구 방배로 180, 스파크플러스 3F

등록 2016년 7월 5일 제 2016-000141호
전화 070-7600-8230　　**팩스** 070-4754-2473

값 19,500원
ISBN 979-11-6958-236-0 (13320)

라온북은 독자 여러분의 소중한 원고를 기다리고 있습니다. (raonbook@raonasia.co.kr)

리더십의
본질을 갈파하는
30년 리더십 교육
전문가의 통찰

김경수 지음

누가 AI 챔피언이 되는가?

AX

AI Transformation

리더십

"AI와 경쟁하는 조직인가? AI를 활용하는 조직인가?"

AI 활용 조직을 만드는 업스킬링(upskilling)과 리스킬링(reskilling) 노하우 공개!!
AI가 예측하지 못하는 '인간의 결단'!
기술보다 더 중요한 것은 방향과 맥락을 읽는 '리더의 통찰'이다

RAON
BOOK

RAON
BOOK

AI도 리더십으로 넘어선다!

　AX시대라는 용어가 넘쳐나고 있다. 학교에서나 기업에서 생존하기 위해 AI를 도입하고 비즈니스에 잘 적용하여 경쟁력을 유지하고 성장, 발전의 동력으로 삼고자 모든 노력을 기울이고 있다. 누구와 만나도 화두가 AI가 되고 있으니 더 절감할 수 있었다. 그러던 중에 BTS Seoul에서 개최한 AI세미나에 참가할 기회가 있었다. 조별로 좌석을 배정하였는데 마침 대기업의 임원들과 같은 조가 되어 토의를 할 수 있는 기회가 주어졌다. 각 사의 CEO들이 AI 관련 요구사항은 많으나 구체적으로 비즈니스 모델에 손을 대는 단계까지는 아직 가지 못했다는 것이 대부분의 의견들이었다. 임원들의 리더십과 AI에 대한 전문적인 지식을 빠르게 학습해야 효과적인 역할 수행이 가능해지는 시기가 빠르게 다가오고 있다는 현실도 공유하였다.

세미나의 내용중 글로벌 기업의 AI 적용 사례와 그로 인한 비즈니스 성과를 설명하는 시간이 있었다. 그 과정에 적용했던 Solution과 Tool도 자세히 듣게 되었다. 두 가지 시사점이 바로 떠올랐다.

첫째, AI라는 주제를 제외하고 보면 전략적 변화관리의 Solution과 Tool이 기본이 되어 적용되고 있음을 발견하게 되었다. 물론 AI를 일하게 하는 방식인 논리적 프로세스(X-Y맵)는 새롭게 학습하고 적용해야 될 부분이라는 것도 알게 되었다.

둘째, AI를 단순히 신기술로 보고 조직에 바로 도입하려는 시도를 하면 시행착오를 겪게 된다는 것이다. 조직의 일하는 방식,조직문화, 기존의 시스템과 구조들을 변화시키기 위한 준비 과정이 필요하다. 글로벌 기업의 적용 사례는 단순히 '적용'하는 수준이 아니라 비즈니스 모델까지 건드리고 조직 운영 모델을 혁신하는 접근을 하고 있었다.

최근에 C-level의 임원들을 AI Agent로 대체하겠다는 글로벌 기업의 소식도 들려오고 있다. 그러나 한국의 현실은 다행히도 당분간 그렇게 급격한 변화는 시도되지 않을 것 같다. 인력을 AI로 대체하거나 조직구조를 혁신적으로 바꾸는 시도가 제도적인 측면에서 쉽지 않기 때문이다. 신규사업을 추진하거나 기존 비즈니스 모델을 AI로 변화시켜나가는 데 속도를 내기가 어렵다는 의미이기도 하다. 한국 현실에 맞는 한국형 AX의 접근이 필요한 이유이기도 하다. 소수정예의 핵심인력들을 선발하여 별도 조직으로 신규 비즈니스 모델을 AI로 만들어가는 시도를 하는 전략적 변화관리의 실행이 우선적으로 고려되어야 한다.

책을 쓰게 된 동기가 여기에 있다. 결국, AX를 기업 내에서 성공시키려면 리더십을 빼고 논할 수가 없다. 리더십의 본질은 AI시대에도 변하지 않는다. AI를 얼마나 빠르게 학습하고 조직의 성과라는 관점으로 해석하여 전략적 의사결정과 조직 전체를 변화시켜나가는 변화관리 역량을 발휘하는가에 AI시대의 리더십이 좌우된다. 또한 AI가 무엇을 할 수 있고 무엇을 할 수 없는지 비판적으로 구분해내는 관점도 가져야 한다. 지혜와 분별력의 훈련도 병행되어야 한다.

그러나 리더들을 바라보는 조직구성원들의 시각은 그리 긍정적이지 않다. 더 부지런하게 AI를 이해하고 활용할 줄 알고 구성원들을 리딩해야 하는데, 적극적으로 나서지 않는다는 의견들도 있다. 구성원의 입장보다도 더 복잡하고 고민해야 할 측면이 많은 것이 리더의 입장이기 때문에 그리 보일 수는 있다.

그 이유와 사실 여부가 중요한 것이 아니라 리더십의 기본과 본질을 되찾는 출발점에 서서 다시 생각하는 시간이 필요하다. 리더들에게는 그동안 축적해온 경험과 지혜와 통찰력이 있다. AI와 관련된 전문지식도 조직 구성원들보다 더 빠르게 습득할 수 있다. 컴퓨터 키보드를 빨리 두드리는 것을 학습하라는 게 아니고 AI의 본질과 속성, 맥락을 신속하게 파악할 수 있다는 것이다. 관련 전문가 수준으로 학습하고 체득할 필요는 없다. 관련 내용을 가지고 업무 담당자와 논의하고 의사결정을 할 수 있을 정도의 이해수준이면 되는 것이다.

학습속도는 리더들의 업무 배경에 따라 차이가 있겠지만, AI 도구를 비즈니스와 업무에 적용하여 성과를 낼 수 있는가를 판단하고 결정하는 것이 리더가 해야 할 일이다. 기술적인 영역에 대한 과도한 부담을 가질 필요가 없다고 리더들에게 말하고 싶은 것이다.

AI의 이면에는 조직이 안고 있는 이슈가 함께 하고 있다. 아직까지 본격적으로 표면 위에 드러나고 있지는 않지만 '심리적 안전감'이 그것이다. AI가 고도화되면 될수록 사람의 일을 AI가 대체할 수 있다는 불안감이다. AI와의 협업조직이 구체화되고 모습을 드러내면 '심리적 안전감'은 리더십과 변화관리의 핵심이슈가 될 것이다. 리더가 해결해야 한다. AI 이전에도 많이 강조되어 왔지만, 리더가 지속적으로 일관되게 구성원들과 공감과 소통을 해나가면서 해결안을 찾아 나가야 한다. 향후에 펼쳐지는 조직의 미래 비전과 전략 방향도 함께 그려가야 한다. 병행하여 구성원들의 역량향상을 준비시켜야 한다.

최근에 강조되고 있는 upskilling과 reskilling을 위해 교육을 지원해야 한다. 이것도 리더의 몫이다. 업스킬링(upskilling)은 현재 직무 내에서 역할을 더 잘 수행하기 위해 기존 기술을 향상시키거나 새로운 기술을 추가로 습득하는 과정이다. AI 도입 과정에서 당장 필요한 것이다. 그러나 리스킬링(reskilling)은 직무 변경, 산업 변화, 기술혁신으로 인한 직무 소멸에 대응하여 새로운 직무 수행 능력을 확보하여 새로운 직무나 역할로 전환하기 위해 필요한 새로운 기술과 역량을 개발하는 과정이다. 리스킬링은 당장은 아니라도 AI의 고도화과정을 지켜보면서 새로운 분야에 대한 필요성을 예측하고 준비시켜 나가야 할 기회를 주고 있다는 메시지를 조직에게 전달하는 차원이면 족하다. 불필요한 저항을 극복하는 변화관리이기도 하다.

책을 쓰면서 AI를 활용해 보았다. 명령어를 입력하여 나온 내용들이 전문성이 없다면 평가하고 걸러내거나 인용 여부를 결정할 수 없다는 것을 경험하였다. 한편으로 '아직까지는…' 하는 안도감을 느꼈고, '리더들의 판단력과 의사 결정 역량이 어느 때보다 더 중요해졌구나' 하는 사실을 실감할 수 있었다.

결국 불확실성 속에서 휘둘리지 않고 버텨내면서 리더십의 본
질을 놓치지 않는 리더들을 많이 확보하는 기업이 AX의 파도
를 잘 타고 넘으며 성장·발전하는 시대가 온 것이다. AI를 역전
의 기회로 삼고 게임 체인저로 활용하여 비즈니스를 성장·발전
시켜 나가는 리더들이 되시기를 소망한다. 그리고 AI를 리더십
으로 넘어섰다는 성공 사례들이 많이 공유되는 날을 기대한다.

끝으로 고마움을 전하고 싶은 분들이 있다. BTS Seoul의 정
윤호 대표님과 박재현 컨설턴트의 조언은 책을 쓰는 데 많은
힘이 되었다. BTS의 세미나와 컨퍼런스에 참석할 기회를 주셨
고 책에 참고할 수 있도록 관련 자료와 정보를 제공해 주었다.
지면을 빌려 다시 한번 감사드린다.

김경수

차 례

1장

AX시대의 리더,
당신의 역량을 무엇에 집중할 것인가?

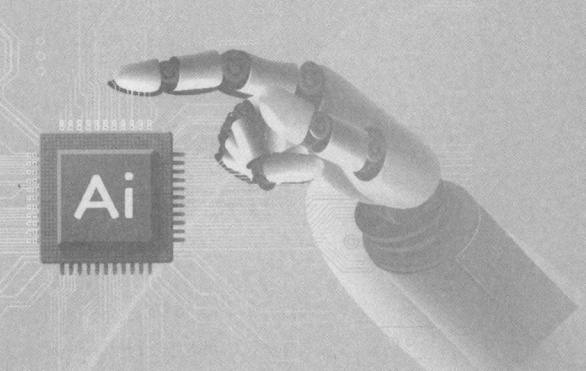

2장

AX시대에 요구되는 리더의
논리적 프로세스는 무엇인가?

3장

AX 혁신을 위한 리더의
3단계 실행력과 조직 통찰력

4장

AX 혁신을 위한
리더의 단계별 실행 역할

1장

AX시대의 리더,
당신의 역량을 무엇에 집중할 것인가?

자연인과 조직인의 관점 구분
: 개인의 삶과 조직의 성과

AI를 어떻게 해석해야 하는가?

AI를 조직의 일부로 수용해 경쟁력을 강화하기 위한 선행 조건은 AI가 무엇인가, 그리고 이것을 어떻게 받아들이고 이해해야 하는가에 대한 존재론적 질문에 답하는 것이다. AI가 가져오고 있는 변화와 도전을 어떻게 해석해야 하고 앞으로 닥칠 새로운 경험들을 어떻게 받아들이고 대응해야 하는지가 중요한 시간으로 이미 다가오고 있다. 의사결정에도 의사결정 사항을 어떻게 해석하고 이해하고 결정해야 하는지가 중요한 것과 같이, AI의 도입 역시 이에 앞서 우리의 관점을 정리하여 분명한 개념과 기준을 세우고 나가야 한다.

이를 위해 조직의 리더들이 가장 먼저 해야 하는 것이 관점의 전환이라고 생각한다. 인류의 탄생과 더불어 자연인(自然人)이 생겨났고, 인류 문명의 발전 과정에서 기업의 탄생과 더불어 법인(法人)이 생겨났다. 그리고 기업에 속한 자연인으로서 기업의 이익 추구라는 공동 목표 아래 하나가 되는 공동체인 조직인(組織人)을 생각해 볼 수 있다. 따라서 AX시대의 관점 전환에 대한 고민에 앞서, 리더들이 구분하고 분별해야 할 개인으로서의 AI를 여기에서는 우선 또 하나의 '자연인'이라고 표현하였다. '자연인'으로서 AI가 주는 변화와 혜택, 도움 등을 바라보는 관점과, 조직에 속해서 일을 해나가고 성과를 내야 하는 조직인으로서 바라보아야 할 AI에 대한 관점이 달라야 한다는 차원의 구분이다.

개인인 자연인의 관점에서 AI는 개인 비서 역할을 해주고 내게 편리함과 시간 절약이라는 가치를 제공해주는 고마운 친구 같은 존재이다. 내 직업을 빼앗아 갈 것 같지 않고, 내 삶을 더 여유롭게 만들어줄 아주 유용한 도구로 생각할 수 있다.

하지만 조직인의 관점에서 AI를 바라보면 조금 달라진다. 조직에도 AI는 그동안 해왔던 일상적이고 반복적인 일들을 효과적이고 효율적으로 만들어주고 있다. 자료 및 정보조사, 회의록도 요약해주고 이메일도 대신 보내준다. CEO의 연설문을 담당해 왔던 직원들은 AI가 연설문까지 대신 작성해준다고 칭찬까지 하는 것을 듣기도 했다. 물론 그대로 보고하지는 않고 담당자가 손을 보기는 한다고 하지만…. 또한 반복적인 보고서 작업을 대신해 주기도 한다.

그러나 여기서 멈춘다면 조직에 속한 개인들에게 개인 업무의 효율성을 지원해주는 것만으로는 AI의 역할 수행에 대해 기대하는 바를 완전히 충족시켜 주지 못한다고 평가받고 있다. 리더와 함께 하는 구성원들이 개인별로 AI를 적극적으로 활용하기를 권장하고 촉진하는 것은 필요하지만, AI를 통해 얻는 업무 효율성의 향상이 조직의 성과로 연결되고 있는지는 객관적으로 평가해 보아야 한다. 구성원 개인 차원의 만족을 AI가 주고 있다는 것과 조직 내에서 업무성과로 연결되고 나타나고 있는지는 중요한 이슈가 된다. 최근 들어 이 문제가 수면 위로 떠오르고 있다.

AI딜레마(AI자동화 역설)의 존재

AI로 인해 업무 효율성이 높아졌다고 하여 바로 조직의 성과로 연결되는 것은 아니라는 조사결과가 나와 있다. AI가 반복적이고 지루한 업무를 대신해줌에도 불구하고 직원들이 그 시간을 창의적이고 혁신적인 일에 사용하지 않는다는 연구결과가 나오고 있다. 이런 현상을 AI 자동화 역설이라고 지칭한다. 최근 포스코경영연구원의 〈사무자동화의 역설, AI 도입이 조직 생산성으로 연결되려면〉이라는 보고서에 따르면, 직원들이 남는 시간을 창의적이고 혁신적인 일에 사용하지 않는 생산성 누수 현상이 지적되고 있다. 생산성 누수 현상은 AI자동화의 역설 중 하나로 부각되고 있으며, 실제 임원들이 고민하고 있는 이슈이기도 하다.

보고서에서 지적하는 생산성 누수 현상의 구체적인 이유들은 다음과 같다.

첫째, 남는 시간을 개인적인 용도로 활용한다(개인적인 인터넷 서핑, SNS, 휴식 등).

둘째, 업무 외적인 대화나 가십 등 비공식적 소통에 더 많은 시간을 할애한다.

셋째, 새로운 업무를 시도하거나 도전할 만한 동기 부여가 부족하여 현상 유지에 만족한다. 특히 직원들이 남는 시간을 혁신에 사용하지 않는 근본적인 원인은 경직된 조직 문화와 시스템의 부재에 있다고 주장하고 있다. 즉, 과도한 업무 부담과 정해진 업무량이 많아 여유 시간이 생기더라도 새로운 시도를 할 여력이 없다는 것이다. 또 성공 보상 시스템이 미흡하여 혁신적인 아이디어를 제안하거나 실행했을 때, 적절한 보상이나 인정이 부족하여 동기 부여가 되지 않는다. 조직 내에 실패에 대한 두려움이 자리 잡고 있어 새로운 시도에 대한 실패의 위험을 감수하기보다는 안전하고 익숙한 업무에 머무르는 경향이 있다는 것이다. 이는 기업 문화가 실패를 용인하지 않고, 실패에 대한 책임을 강하게 묻는 경우 더 심해진다고 한다.

넷째, 권한위임 부족으로 상명하복의 문화에서는 직원 스스로 창의적인 활동을 할 수 있는 자율성과 권한이 제한되기 때문이다. 이에 대한 해결 방안을 위해서는 다음과 같은 노력이 필요하다. 기업의 목표와 비전을 명확하게 제시하여 직원들이 남는 시간을 무엇을 위해 사용해야 하는지 알게 해야 한다. 또, 보상 시스템을 강화하여 새롭고 혁신적인 아이디어를 제안하고 실행하는 직원에 대한 합리적인 보상을 실행하여 창의적인 활동을 장려해야 한다. 실패에 대한 부담 없이 자유롭게 아이디어를 내고 실험할 수 있는 심리적 안정감을 조성해야 하며, 직원들에게 업무에 대한 더 많은 자율권을 부여하여 스스로 시간을 관리하고 창의적인 업무를 시도할 수 있도록 조치해야 한다고 제안하고 있다.[1]

---

1. 〈사무자동화의 역설, AI 도입이 조직 생산성으로 연결되려면〉, 《포스코경영연구원 보고서》, 2025.7.4

리더십과 변화관리

이 시점에서 한번 깊숙이 들여다 보아야 할 것이 있다. 이 보고서에서 AI라는 주제어를 제외해 버리고 읽는다면 어떤 느낌이 드는가? 어디서 많이 접해본 내용이라는 생각이 들지 않는가? 생산성이라는 용어와 창의적이고 혁신적인 조직 문화의 조성, 또 업무의 자율성 보장은 이미 임파워먼트에서 자주 언급되었던 것 아닌가? 기업의 성장, 발전을 위해 경쟁력을 지속적으로 갖추기 위해 필요한 요소들이라고 귀에 못이 박히게 들었던 것이 리더십과 변화 관리,혁신적이고 창의적인 조직문화 만들기 아닌가? 그리고 세부적으로 들어가면 도전정신을 조직에 뿌리 내리기 위해 강조되던 것이 실패를 용인하고 실패를 통해 배우게 하는 학습조직 만들기와 이를 위한 리더들의 리더십 행동 아니었던가? 이런 맥락은 불과 십여 년 전 디지털 혁신(DX)이 강조되었을 때도 동일한 메시지였던 것 같다.

AI는 단순히 기술적인 문제가 아니다. 사람 중심의 조직이 AI를 받아들여서 현재의 문제 해결에 활용하려고 하는 것이다. 우리 조직이 AI가 일할 수 있는 조직인지를 먼저 파악하고 정의해야 한다. AI가 무엇을 해줄 수 있는지가 우선이 아니라 우리 조직이 AI를 활용하여 무엇을 할 수 있는가라는 질문부터 시작해야 한다. 우리조직의 현재 수준, 가지고 있는 강점과 약점들, 그리고 강점들을 계속 유지하면서 AI를 도입하면 비즈니스 성과로 연결될 가능성이 높은지를 평가하고 판단해야 한다. 누가 그 중심에 있는가? 바로 리더들이다. 리더들이 현재까지 축적해온 경험과 지혜, 그리고 통찰력을 기반으로 하여 AI에 대한 전략적 성공 가능성을 판단하고 결정해야 한다.

사람 중심의 조직은 변화관리가 필수적이다. AI 중심 조직은 사실 변화관리가 필요 없다. 사람에 비해 감정이 없기 때문이다. 전문가들은 인간이 할 수 있는 모든 지적 작업 수행이 가능해진다는 AGI(Artificial General Intelligence : 일반인공지능)시대가 오면 AI도 사람의 감정을 이해하기 시작한다고는 하나, 아직까지는 그렇지 못하기 때문에 변화관리가 필요 없다고 생각하는 것이다.

조직에서 AI를 활용하는데 장애 요인으로 공통적으로 거론되는 것은 AI에 대한 학습과 연습 부족으로 인해 익숙하지 않고 충분히 사용되지 못하여 기대만큼의 성과로 연결되지 못하고 있다는 것이다. 그래서 학습과 배움 그리고 공유가 조직역량으로 거론되고 있다고 생각한다. 조직역량 개발과 전파는 리더의 몫이다. 역량개발 시스템을 구축하고 조직구성원들이 체계적이고 지속적으로 훈련받도록 해야 한다.

겉으로 드러나지 않는 장애 요인이 또 있다. 직접적으로 공식화시키고 있지 않지만, AI가 사람의 일을 대신하면서 시간이 흐르면 조직구성원들의 일을 대체하고 결국 일자리를 뺏기게 될 수도 있다는 불안감이다. 이때 심리적 안정감을 주는 것도 필수적인 리더십 행동이다. 가령 조직구성원이 AI에게 자신의 단순 반복 업무를 맡기고 아직 AI가 못하는 전략적 의사결정과 평가, 판단 영역을 집중적으로 학습하고 새롭게 발전시켜 나간다고 가정해보자. 그러면 AI보다 일을 더 잘하고 똑똑해지면서 우위에 설 수 있게 된다.

이처럼 AX시대에 리더로서 성공적인 리더십을 발휘하고자 한다면 리더십의 본질과 변화관리를 놓치지 말아야 한다.

AX 추진을 위한 기본은
정확한 해석과 관점의 전환!

한국형 AX(AI Transformation) 추진의 필요성

한국기업이 처해있는 상황과 맥락에 따라 AX도 전략적으로 추진해야 한다. 제일 먼저는 지금 처해있는 상황과 맥락을 해석하고 읽어내야 한다. 자기가 속한 산업의 움직임과 변화의 신호들을 통찰력을 동원하여 해석해내고, 자기회사의 비즈니스모델에 미칠 영향을 분석해 보고 시사점이 떠오르면 논의해야 할 주요 아젠다로 리스트에 포함시켜야 한다. 실탄이 풍부한 글로벌 기업들이 AX를 밀어붙이는 모습이 심정적으로는 부럽기도 하고 위기의식을 느끼기도 하겠지만, 자원과 파워에서 직접적으로 경쟁하고 따라가기가 어려운 것이 현실이므로 냉정하게 자기회사의 상황과 맥락에 가장 최적화된 의사결정을 해나가야 한다. 선택과 집중의 전략도 하나의 방법이 될 수 있다.

다음 도표를 보고 어떻게 해석하겠는가? 리더로서 해석과 함께 어떤 관점을 가지고 AX를 추진해 나갈 것인가, 한번 생각해 보라. 《DBR(동아비즈니스리뷰)》 336호[2]에서 인용한 것이다.

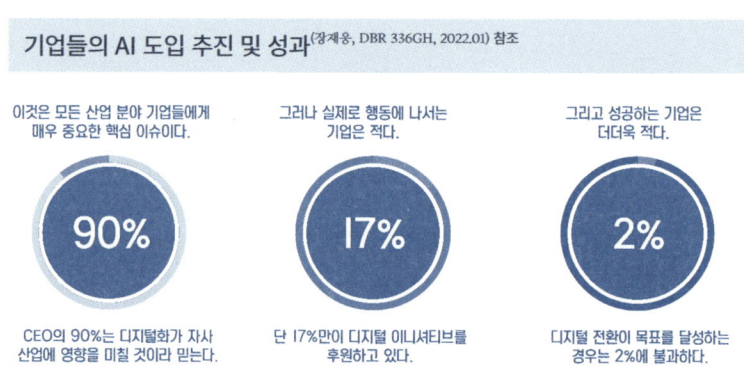

기업들의 AI 도입 추진 및 성과 (장재웅, DBR 336GH, 2022.01) 참조

이것은 모든 산업 분야 기업들에게 매우 중요한 핵심 이슈이다.	그러나 실제로 행동에 나서는 기업은 적다.	그리고 성공하는 기업은 더더욱 적다.
90%	**17%**	**2%**
CEO의 90%는 디지털화가 자사 산업에 영향을 미칠 것이라 믿는다.	단 17%만이 디지털 이니셔티브를 후원하고 있다.	디지털 전환이 목표를 달성하는 경우는 2%에 불과하다.

여기서 전달하고자 하는 메시지는 기업의 CEO들이 AI 도입에 90%가 동의했지만, 정작 도입한 것은 17%였고 그중에서 성과로 연결되어 성공했다고 평가 받는 것은 2%에 불과하다는 것이다. 이것이 현실이다. 물론 시간 차이가 있기에 지금 시점으로 다시 조사해 보면 AI 도입의 회사 수가 증가했을 것이고 성공으로 판정받는 회사의 수가 훨씬 늘어났을 것으로 예상할

2. 장재웅, "기업들의 AI도입 및 성과", 2022.1

수 있다.

　이 자료를 보고 어떻게 해석하고 어떤 결정을 할 것인가? 역시 우리 회사보다 예산과 인력 등이 월등한 글로벌 기업들도 AI도입을 망설이고 있는 것이 현실이고, 성과로 연결되는 성공 가능성도 아직은 미비한 것이 사실이니 조금 더 지켜보는 것이 전략적 의사결정이라고 해석하고, 그렇게 결정하는 것이 맞는 것인가? 아니면 왜 90%의 CEO가 AI 도입의 필요성에 동의했으면서도 17%의 CEO만 도입하고, 그것도 2%의 기업만 성공이라고 평가받는 것인가, 성공 가능성이 매우 낮게 나온 근본적인 원인은 무엇인지에 대해 의문을 품을 것인가? 그리고 한발 더 나아가 성공한 기업들의 업종과 그들은 어느 비즈니스 영역에 AI를 활용했는지, 성공한 기업들의 성공 요인은 무엇이었는지를 파악하여 해석하고 우리 기업이 AI 도입 준비를 위한 우선순위 과제들을 결정하고 지금부터 준비시키는 의사결정을 해나갈 것인가?

　비록 여기서는 2가지 경우만 설명하였지만, 더 다양한 해석과 의사결정이 존재한다. 이렇게 한 가지 사실에 대해서도 해석이 다를 수 있고 이에 따라 의사결정도 달라진다. 그리고 그에 따라 지금 당장은 결과의 차이가 눈에 보이지 않겠지만 시간이 흐르면서 의사결정의 결과는 경쟁력의 차이로 나타난다.

해석과 함께 AX를 추진하기 위해서는 여기에 맞는 관점을 가져야 한다. 기존의 관점을 전환할 필요가 있는 것이다. AI의 도입과 적용은 불확실하다. AI를 사용했다고 하여 반드시 기대 목표를 달성해 주지 않는다. 예컨대, AX를 추진해 나간 선도기업의 하나로서 글로벌 제약회사인 존슨앤존슨의 CTO가 2024년 월스트리트 저널에서 인터뷰한 내용에도 이러한 불확실성이 드러난다. 회사 차원에서 AI를 적용한 실행과제(Use Case라고 지칭) 900개 중 100개만이 성공 가능성이 있어서 집중 지원하고 있다는 인터뷰 기사였다. 결정론적 접근관점으로 보면 이런 불확실한 상황에 투자한다는 것이 낭비라고 생각할 수 있지만, AI의 불확실성을 구조화된 탐색과 지속적인 정교화의 기회로 삼는 탐구 중심의 접근관점으로 변화를 꾀한다면 AI의 불확실성을 참아낼 수 있다. AI 적용 과정에서의 가변성도 통찰력을 키우는 원천으로 활용할 수 있는 것이다. 그래서 AX의 과정에서 반드시 가지고 있어야 할 변화관리의 전략 중 하나가 '배움과 나눔'이다. 이는 리더로서 가져야 할 마인드셋이기도 하다.

앞서 인용된 《DBR》 336호의 칼럼에서는 AI 도입 시 고려할 사항들도 설명하고 있다. 이에 따르면, 많은 기업들이 AI를 도입했음에도 불구하고 기대했던 성과를 얻지 못하는 주요 원인은 다음과 같다.

첫째, 부서 간의 장벽이다. 데이터는 여러 부서에 흩어져 있고, 부서 간의 협업이 원활하지 않아 AI 모델 개발에 필요한 데이터를 통합하고 활용하기 어렵다는 것이다.

둘째, AI를 만능 해결책으로 여기고, AI 도입만으로 모든 문제가 해결될 것이라는 비현실적이고 과도한 기대가 오히려 성과를 방해하게 된다고 한다.

셋째, AI 전문인력 부족이다. AI 기술을 이해하고 실제 업무에 적용할 수 있는 내부 전문가가 부족하여 외부 컨설팅에만 의존하다 보니 내부역량이 축적되지 않고 있다는 것이다.

AI 버블에 대한 해석

막대한 투자비용을 들인 AI 혁신의 성공 가능성이 기대만큼 나오지 않고 있는 상황이 벌어지면서 AI에 대한 거품론이 서서히 등장하고 있다. 피셔인베스트의 유튜브[3]에는 AI 버블에 대한 경고를 하는 내용이 있다. 주장의 근거가 되는 보고서는 《State of AI in Business Report 2025》이다. 보고서에 따르면 2025년 1월부터 6월까지 300건 이상 AI를 도입한 기업의 임원 153명과 52개 회사의 CEO를 인터뷰했고, 그 결과 AI를

---

3. https://youtube.com/watch?v=x98mMzMoTas&si=YDDxYrwCB7XoqbEq

위한 투자가 300~400억 달러에 이르렀음에도 5%만이 의미 있는 매출 성과가 발생했다는 것이다. 산업 분야별로 구체적인 분석결과를 보면 기술과 미디어, 통신 분야만 약간의 변화가 일어났다는 것이다. 기술 분야에서는 새로운 경쟁자의 등장과 업무 방식에 큰 변화가 일어났으며, 미디어, 통신 분야는 AI콘텐츠 증가와 광고방식의 변화가 관측되었다는 것이다.

반면 에너지·소재 산업에는 AI도입이 거의 안 되어 있고, 첨단산업은 유지보수를 AI를 통한 자동화를 시도했으나 공급망의 변화는 미비했다고 보고하고 있다. 헬스케어 산업은 문서 자동화를 시도하였으나 진료방식은 그대로 유지하고 있고, 소비유통 산업은 고객지원은 자동화하였으나 그로 인한 고객의 충성도 변화는 크게 바뀌지 않았다는 결과가 나왔다고 한다.

문제시 되는 것은, AI기업들이 GPU(Graphics Processing Unit)를 담보로 많은 대출을 받고 있는 상황이라 이 정도의 성과와 실패가 계속 거듭되어 성과 창출을 못하게 되면 결국 과거에 인터넷 거품이 빠지면서 문제가 되었던 것처럼 AI도 거품이 빠지면서 혼란이 발생하는 과정을 필수적으로 겪어야 한다는 경고였다.

이 정보를 접하면서 리더들은 어떻게 상황을 이해하고 해석할 것이며 어떤 의사결정을 할 것인가? 역시 너무 성급한 것 아닌가, AI도 한 번 거품이 빠지고 제자리를 찾을 때 들어가도 괜찮지 않을까, 한발 물러서서 관찰을 계속하고 우선순위에 따라 AI 적용 사례를 점진적으로 늘려가는 것도 전략적 선택이라고 판단할 것인가?

경영자세미나에 참석했을 때 나왔던 고민을 정리해 본 필자의 결론은 다음과 같다.

"너무 늦은 AI 도입은 뒤처짐을 의미하고, 너무 이른 AI 도입은 값비싼 시행착오를 동반한다."

이 결론을 달리 해석해 보면, 거품이 빠지는 순간이 후발주자들의 기회이므로 지금부터 철저히 준비하여 AI 전문인력을 확보하고 필요역량을 육성시키며 조직 문화를 재정비하면서 AI와 협업하는 방식의 혁신을 진두지휘하는 리더십 행동이 필요하다는 것이다.

어떤 해석과 결정을 하더라도 놓치지 말아야 할 것은 인터넷 거품이 빠지면서 선두주자로서 시장을 장악한 소수의 기업들이 지금도 글로벌 선도기업의 자리를 차지하고 있다는 사실이다. AI 거품의 위험성을 예의주시하는 것은 필요하나, 이 변화와 파도에 올라탈 준비를 조직에 대비시키는 것도 AI시대의 리더십이다.

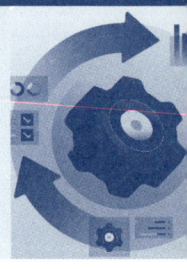

AI + 사람의
새로운 조직관리 노하우

AI와 협업

　AI와 협업하려 할 때에 리더에게 현실적으로 닥칠 가장 난이도가 높은 도전과제 중의 하나가 AI와 사람으로 구성되는 향후 조직을 어떻게 효과적으로 관리하고 리더십을 발휘할 것인가의 문제이다. AI와 협업하는 조직운영은 리더에게도 처음 경험하는 일이기 때문이다. 사실 현재의 상황은 이 관리와 리더십 발휘의 이슈보다는 어떻게 AI를 사용하여 업무성과를 개선하고 비즈니스 성과로 연결시킬 수 있는가에 우선순위가 놓여 있다. 이유는 다음의 <도표>에서 설명하듯이, 현재 글로벌 AI 선도기업들은 2단계에서 3단계로 넘어가는 과정에 위치하고 있고, 국내기업들은 1단계에서 2단계로 넘어가는 중간단계에서 자원과 시간을 투자하고 있지 않을까 추정되기 때문이다.

<도표>를 보면 1단계를 AI 이전의 조직(Pre-AI Workplace)으로 표현하고 있다. 현재 우리에게 익숙한 조직구조이다. AI 이전이라고 편의상 표현되었지만, 약간 쓸쓸한 느낌이 오는 것은 왜 그럴까? 우리는 이미 AI 이전에도 조직의 효율성을 고민하며 어떻게 하면 팀워크와 팀 리더십을 통해 업무성과를 극대화할 것인지를 고민하고 경험하며 노력했고, 그 덕분에 여기까지 달려왔기 때문이다.

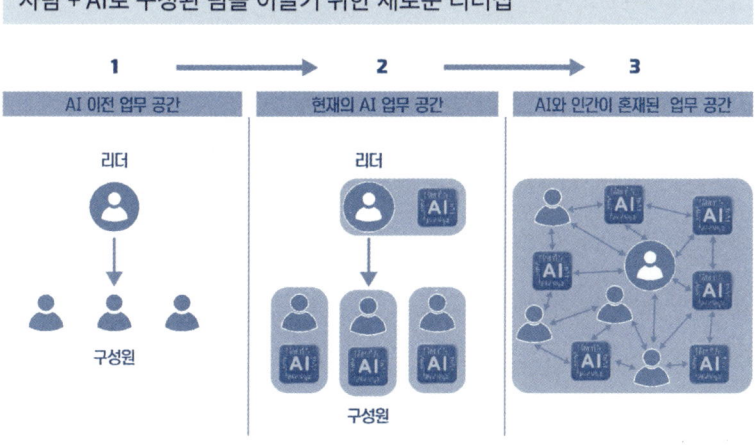

사람 + AI로 구성된 팀을 이끌기 위한 새로운 리더십[4]

일단 도표에서 1단계(Pre-AI Workplace)는 과거, 2단계(Current

---

4. BTS, "AI Leadership for Business Impact". 2025.8 참조

AI Workplace)는 현재, 3단계(Hybrid AI/Human Workplace)는 미래 조직으로 해석될 수 있다.

미래조직은 가까운 미래가 될 가능성이 매우 높다. AI 역량이 빠르게 업그레이드 되는 것을 보고 있어서 그런 예측을 하게 된다. 2단계 조직은 현재 AI를 리더와 구성원이 모두 업무수행의 도구로 활용하고 있는 상태라고 볼 수 있다. 주로 회사 차원에서 허용하고 제공하는 AI 모델과 솔루션을 사용하고 있는 것이다. 3단계에 이르면 AI를 도구로 사용하는 것에서 협업파트너로 활용하는 조직운영이 되고 있는 것이다. AI가 본격적으로 Agent 역할을 하게 된다. 아마도 이 시점이 리더와 조직구성원 모두가 고민에 빠질 가능성이 커질 것으로 예측할 수 있다. 인간과 AI가 파트너십을 위해 조직 내에서 상호 협조해야 한다는 것은 그리 단순한 문제가 아닐 것이다. 인간과 AI의 경쟁까지도 초래할 수가 있다. 리더가 업무 분장을 얼마나 제대로 명확히 하느냐가 리더십의 핵심이 될 수 있다. 지금까지 지켜보고 숨겨온 AI가 자신의 일을 대체함으로써 일자리를 잃을 수 있다는 불안이 밖으로 표출되기 시작하는 상황이 벌어질 것이다.

물론 원론적으로는 AI에게 일을 시키고 협업 관리를 제대로 할 수 있는 역량을 지속적으로 갈고 닦는다면 이런 일이 벌어질 가능성을 통제할 수 있다고 주장할 수 있다. 하지만 AI를 극복할 수준으로 인간이 지속적으로 발전하고, AI가 접근할 수 없는 영역을 지키고 업그레이드시키는 노력이 계속된다는 기본전제가 필요하다. 중요한 것은 2단계에서 3단계 조직으로 넘어가는 과정에서 제대로 준비하고 경험을 통해 배우며 가장 효과적으로 AI를 사용하는 노하우를 조직이 공유하여 축적된 상태로 3단계 조직으로 넘어가야 한다는 것이다. 이 준비를 리더가 해야 한다. AI를 얼마나 익숙하게 사용할 줄 알아야 하는가에 빠져서 전략적 시각과 관점을 놓치지 않도록 노력해야 한다. 이와 관련하여 칼럼이나 보고서들을 종합해 보면 역시나 이런 점을 강조하는 것을 알 수 있다. 즉, 미래에 AI와 사람이 함께 일하는 조직의 리더는 'AI 활용'과 '인간적 리더십'이라는 두 가지 핵심 요소를 균형 있게 결합해야 한다는 것이다.[5]

AI를 단순한 도구가 아닌 협업하는 동료로 인식하고, 인간 고유의 역량을 극대화하는 방향으로 조직을 관리해야 한다는 것이다. 즉, 2단계 조직에서 리더가 준비해야 할 것은 AI가 가져다주는 데이터를 기반으로 의사결정을 잘하는 동시에, AI를 활용해 조직의 다양한 데이터를 분석하며, 이를 바탕으로 객관적이고 신속한 의사결정을 내릴 수 있는 리더십 역량을 강화하

---

5. SAP Korea 뉴스센터, "AI리더십:인간의 창의성을 통한 팀성장방안" 2025.4

는 일이다. 또한 AI가 제공해주는 방대한 데이터를 실시간으로 분석하여 잠재적 리스크나 갈등을 예측하고, 이를 통해 조직 운영의 안정성을 높이며, 보다 효과적인 전략을 수립할 수 있어야 한다. 이를 위해 인간 중심의 리더십 강화가 필요하며, 이는 반복적이고 정형화된 업무는 AI에 맡기고, 리더는 인간만이 할 수 있는 역할에 집중해야 한다. 공감과 소통을 더 늘리고 이에 더 많은 시간과 관심을 쏟아야 한다.

AI는 데이터 분석에는 뛰어나지만, 직원의 감정이나 고민을 이해하고 공감하는 능력은 인간 고유의 영역이다. 따라서 리더는 진정성 있는 소통을 통해 팀원들의 신뢰를 얻고, 변화에 대한 불안감을 해소해야 하는 데에 집중해야 한다.

한편으로는 창의성과 혁신을 지속적으로 독려하고 촉진하는 리더십 행동을 늘려 나가야 한다. AI가 효율성을 높여주는 만큼, 리더는 직원들이 창의적 사고, 문제 해결, 전략 수립 등 고차원적인 업무에 집중하도록 환경을 조성해야 하며, 새로운 아이디어를 실험하고 실패를 두려워하지 않는 혁신 문화를 만드는 데 최선의 노력을 다해야 한다.

아울러 향후 이슈가 될 것으로 예측되는 중요한 영역인 윤리적 리더십도 중요하다. AI 활용 시 발생할 수 있는 데이터 편향, 윤리적 문제 등에 대해 리더가 명확한 기준과 가치관을 제시해야 하고 투명한 거버넌스를 구축하여 AI의 사회적, 윤리적 영향에 대해 깊이 고민해야 한다. 2단계 조직에서 3단계 조직으로 넘어가 AI와 인간이 협업해야 하는 상황이 도래하면 리더는 '하이브리드' 팀 구축[6] 및 관리에 초점을 맞추고 AI와 사람이 서로의 강점을 결합해 시너지를 낼 수 있도록 조직을 설계하고 관리해야 한다.

이를 위해서는 우선적으로 역할 재정의와 구체적인 업무 분장을 해내야 한다. 먼저 AI가 잘하는 일(연산, 데이터 처리, 반복 업무 등)과 사람이 잘하는 일(창의, 공감, 전략, 윤리적 판단 등)을 명확히 구분하고, 각자의 역할에 맞게 업무를 재분배할 수 있어야 한다. 이런 조직관리와 일하는 방식이 제대로 작동되도록 하기 위해서는 조직문화를 재창조하는 데도 힘을 쏟아야 한다.

다음으로 지속적 학습 문화를 조성해야 한다. 물론 2단계 조직에서도 배움과 나눔의 조직문화는 필요하지만, 3단계 하이브리드 조직에서는 이를 더욱 고도화시켜야 한다. 기술은 끊임없이 변화하므로, 리더는 조직 내에 지속적인 학습 문화를 구축하여 직원들이 새로운 AI 기술을 습득하고 적응할 수 있도록 지원해야 한다. 아울러 AI와 인간의 협업을 통한 시너지를 극대화하는 데 리더십 역량을 집중시켜야 한다. AI를 단순히 업무

---

6. 삼성SDS 인사이트리포트: "AI 동료에서 AI 팀장으로: AI 시대의 HR 혁신" 2025.3

효율을 높이는 '도구'가 아닌, 인간의 창의성과 통찰력을 보완하고 증폭시키는 '파트너'로 인식해야 하고, 리더는 이러한 하이브리드 인텔리전스를 활용해 조직의 잠재력을 극대화하는 조정자 역할을 수행해야 한다.

AI를 활용하는 조직의 리더가 직면하는 고민들

리더는 불안하다

AI를 본격적으로 활용하고 전사 차원에서 AI모델을 개발하여 공유해주는 회사이건, 아니면 아직 검토단계에 있거나 조직차원의 AI 활용 단계에는 이르지 못하고 개인별로 부분적인 AI 활용을 하는 회사이든, 리더들이 느끼고 있는 불안감은 동일하다고 생각한다. 강의나 코칭에서 만나는 리더들에게 AI에 관련해 물어보면, AI시대가 오는 것은 막지 못할 변화이고 대세인 것 같다. 하지만 그렇다고 확실하게 앞이 보이고 가야 할 길이 분명하지는 않은, 아직까지는 예상과 예측 수준에 머물고 있는 것이 현실이라고 한다. 그럼에도 무언가를 하지 않으면 어느새

도태되고 비즈니스에 위기가 올 것 같은 막연한 불안함이 솔직한 심정이라고 답변하고 있다. 그래도 회사 차원에서 실험적으로 AI 사용 프로젝트를 진행하고 있는 리더들은 조금 불안함이 덜 하다고는 하지만, 적용 과정에서 접하는 불확실성과 가변성으로 인해 새로운 고민을 할 수밖에 없게 된다.

리더가 AI를 사용하여 비즈니스 문제를 해결하고자 할 때나 업무추진과정에서 정보나 자료수집에 도움을 받고자 할 때 당장 닥치는 문제가 AI가 내놓은 산출물이 믿을 만한 것인지 확신이 서지 않는 상황에 직면하는 것이다. AI가 주는 불확실성과 가변성은 단순히 기술적인 오류를 넘어, AI 시스템의 근본적인 특성에서 비롯되는 예측 불가능성을 의미한다.

불확실성 (Uncertainty)과 가변성 (Variability)이 주는 불안

AI의 불확실성은 AI 모델이 내놓은 예측이나 결정에 대해 얼마나 확신하는지, 또는 그 결과가 얼마나 믿을 만한지에 대한 문제이고, 이는 크게 두 가지 유형으로 나눌 수 있다.

첫 번째는 우발적 불확실성(Aleatoric Uncertainty)이다. 이것은 데이터 자체에 내재한 무작위성이나 노이즈 때문에 발생하는 불확실성이다. 예를 들어, 흐릿하게 찍힌 사진을 보고 AI가 '개'인지 '고양이'인지 판단하기 어려운 경우이며, 이는 아무리 많은 데이터를 학습시켜도 완전히 해결되지 않는다고 한다.

두 번째는 인식론적 불확실성(Epistemic Uncertainty)이라고 하며, 이는 학습 데이터 부족으로 인해 발생하는 불확실성이고, AI가 학습한 적 없는 새로운 유형의 데이터를 만났을 때 발생한다. 이는 '모르는 것을 모르는' 상태와 유사하며, 이 불확실성은 더 많은 양질의 데이터를 학습시킬수록 줄어들 수 있다.

이때 일반적으로 추천하는 리더가 취해야 할 리더십 행동은 리더가 이러한 불확실성을 이해하고, 특히 의료, 자율주행 등 안전이 중요한 분야에서 AI의 예측 결과를 무조건 신뢰하기보다는 보조적인 판단 근거로 활용하고, 조직구성원들의 최종적인 검토 과정을 마련해서 결과에 대한 판정과 채택 여부를 결정하는 것이다.

AI의 가변성은 동일한 입력에 대해 AI가 매번 다른 결과를 내놓는 현상을 의미한다. 이는 주로 생성형 AI에서 두드러지게 나타나는 현상이며, '할루시네이션'과 '비일관성'으로 설명할 수 있다.

'할루시네이션(Hallucination)'은 AI가 그럴듯하지만 사실과 다른 허위 정보를 생성하는 현상을 말한다. 이는 AI가 학습한 데이터의 패턴을 기반으로 다음 단어를 예측하는 과정에서 나타날 수 있으며, AI의 답변에 대한 신뢰도를 떨어뜨리는 주요 원인이 된다.

'비일관성(Inconsistency)'은 같은 질문을 여러 번 할 때마다 다른 답변을 내놓거나, 동일한 작업에 대해 매번 다른 결과물을 생성하는 경우를 말한다. 이는 AI가 창의성을 발휘하는 요소가 될 수 있지만, 업무의 일관성과 통일성을 중시하는 비즈니스 환경에서는 중요한 리스크로 작용할 수 있다.

리더는 이러한 가변성을 조직의 목적에 맞게 활용해야 한다. 예를 들어, 마케팅 문구처럼 창의성이 중요한 작업에는 AI의 가변성을 적극 활용하되, 법률 검토나 재무 보고서 작성과 같이 정확성과 일관성이 필수적인 업무에서는 AI의 결과물을 반드시 교차 검증하는 시스템을 구축해야 한다.

이처럼 AI의 부정적인 측면을 거론했지만, 활용하는 사람이 누구냐에 따라 AI가 주는 산출물은 달라질 것이다. AI의 한계가 이러하니 완벽해질 때까지 우리는 사용하지 않는다고 결정한다고 해서 마음이 편해지거나 상황이 깔끔하게 정리되지 않는다. 이를 극복하기 위해서는 먼저 리더가 불확실성과 가변성을 견뎌내야 한다.

향후 빠른 시간 내에 AI와 협업을 해야 하는 단계로 발전될 것이라는 게 전문가들의 예상이다. 따라서 지금부터 조직을 준비시켜야 할 책임이 리더에게 있다. 불확실성과 가변성을 극복하는 주체는 활용하는 사람들에 달려 있다. AI가 제공한 산출물이 '참'인지를 검토하고 판정해서 의사결정에 참고할 것인지는 리더와 관련 직무담당자들이 결정해야 한다. 그래서 아직까지는 리더와 구성원들의 전문영역에 대한 지식이 갖춰져야 하는 것이 중요하다. AI를 더욱 잘 활용하기 위해 필수적인 것이다. 이런 고민들도 AI를 사용하는 여러 번의 실험과정을 반복하면서 해결안을 조직의 노하우로 축적해 나가고 교육으로 연결 지으며 배움과 나눔의 리더십을 완성해 가는 속에서 필수적으로 직면해야 할 리더의 몫이라고 생각한다.

AI와 기존 시스템의 미스매치 그리고 커스터마이징

리더들에게 현 상황의 고민을 질문했을 때, 다수가 답변했던 공통적인 2가지 고민이 있었다.

첫 번째, AI를 자기 회사의 어떤 영역에 적용을 먼저 해야 사업성과로 직결될 수 있을 것인지 확실히 감이 잡히지 않는다는 것이다. 더 구체적으로는 회사의 비즈니스모델의 각 영역들 중에 어디를 먼저 손대는 것이 전략적이고 성과가 보장될 수 있을 것인지가 고민이 되고 있다고 했다. CEO들은 AI라는 거대한 변화에 신속하게 대응하지 않으면 경쟁에서 뒤처진다는 압박감으로 푸시를 하고 있지만, AI가 접목된 구체적인 전략 방향이 기대만큼 수립되고 있지 않다는 불안감은 여전히 존재한다는 것이다.

두 번째, 기존의 조직 문화와 일하는 방식, 보유하고 있는 시스템, 조직 역량들이 도입할 AI시스템과 미스매치되어 있다는 것이다. 일반적으로 평가해 보아도, AI솔루션을 도입하고 의사결정에 활용한다고 하더라도 이는 데이터 기반의 의사결정 방식을 적용한다는 것인데, 리더들이 그런 방식에 익숙할 정도로 훈련되어 있는지 확신이 서지 않기도 하고, AI에게 입력할 완전한 데이터가 회사 내에 축적되어 있지도 않다는 고민이다. 이런 상황에서 AI 솔루션을 도입할 때, 우리 회사에 딱 맞는 커스터마이징을 해야 할지 고민하는 것은 많은 기업이 겪고 있는 문제이다. 특히 기성 솔루션은 보편적인 기능에 초점을 맞추기 때문에, 기업의 고유한 비즈니스 프로세스나 데이터 특성을 충분히 반영하지 못하는 경우가 많기 때문이다. AI 전문인력도 확보되어 있지 않은 상태에서 외부전문가들의 도움을 받아 커스터마이징을 시작해야 하는 것도 미스매치의 원인이 될 수 있다.

AI 적용 시 '커스터마이징'은 일반적으로 개인의 특정 요구 사항이나 목적에 맞춰 AI 모델을 최적화하고 재구성하는 것을 의미한다. 이는 단순히 AI가 제공하는 여러 옵션 중 하나를 선택하는 것을 넘어, AI 자체의 동작 방식, 지식, 그리고 성능을 사용자의 데이터와 피드백을 기반으로 맞춤화하는 개념이다.[7]

커스터마이징을 위해 기업은 보통 취하는 전략은 외부전문가와 내부인력이 협업해서 자사에 맞는 AI솔루션을 만들어가는 것이다. 그러나 기대하는 결과가 나오려면 내부인력의 역량이 어느 정도 갖춰진 상태로 투입되어야 전문적인 소통이 제대로 이뤄져서 내부의 특성과 요구가 제대로 전달될 수 있으며, 최종 결과물인 AI솔루션이 회사의 기존 시스템과 충돌이 일어나거나 통합되지 않은 상태로 운영되는 리스크를 최소화할 수 있다.

하지만 보통의 경우는 아직 충분히 내부에 AI 인력을 확보하고 육성된 상태가 아닌 경우가 많아 이 부분의 고민이 계속된다. 그럼에도 회사 상황에 따라 커스터마이징을 결정하기 전에 고려해야 할 사항들이 있다.

먼저 필요한 AI 기능의 복잡성이 어느 정도인지를 판단해야

---

7. 중앙일보 기사, "똑똑한데 공장 일머리는 꽝? GS칼텍스, AI 도입하자 생긴 일", 2025.9.2

한다. 단순한 업무 자동화라면 기성 솔루션을 활용하는 것이 더 효율적일 수 있기 때문이다.

또한 보유한 데이터의 특성이 어떤 상태인지를 판단해야 한다. 이를 위해 AI 학습에 필요한 데이터가 충분하고 정제되어 있는지를 확인해야 한다.

마지막으로는 조직이 필요한 예산과 시간을 확보하고 있느냐를 판단해야 한다. 가장 현실적으로 중요한 부분이기도 하다. 커스터마이징에 투입할 수 있는 예산과 시간이 충분한지 현실적으로 판단해야 하기 때문이다. 미스매치를 확인하고 원인과 현실을 분석한 후 어떻게 할 것인지를 리더가 냉정하게 판단하고 결정을 내려야 할 의사결정 이슈이기도 하다.

핵심은 AI와 사람의
효율적 협력 체계다

AI Agent와 협업하라

AI Agent라는 용어가 자주 등장하는 시대가 되었다. 글로벌 기업의 뉴스들을 들어보면 AI Agent가 대체할 수 있는 직무들이 등장하고 있고, 조만간 C-Level임원 역할을 AI Agent가 대신할 수 있지 않는가 하는 예측이 나오고 있다.

AI 에이전트(AI Agents)는 사용자의 개입 없이 자율적으로 작동하며, 환경을 인지하고 학습하여 주어진 목표를 달성하거나 문제를 해결하는 지능형 소프트웨어 시스템이다. 이는 먼 미래의 기술처럼 보일 수 있지만, AI 에이전트는 이미 일상과 업무 전반에 스며들며 새로운 패러다임을 형성하고 있다. 미국의 인공지능 스타트업인 HuggingFace에 따른 AI 에이전트는 "AI 에이전트(AI Agents)란 유저가 정의한 목표를 달성하기 위해 AI 모델을 활용하여 환경과 상호작용하는 시스템으로, 추론(reasoning), 계획(planning), 그리고 외부 도구를 사용한 행동의 실행(execution)을 결합하여 작업을 수행한다"라고 정의하고 있다.

AI 에이전트의 핵심 특징은 자율성(Autonomy)과 적응성(Adaptability)에 있다. 기존의 소프트웨어가 미리 정해진 규칙에 따라 작동한다면, AI 에이전트는 상황을 분석하고 스스로 판단하여 행동한다. 예를 들어, 고객 서비스 챗봇이 단순히 FAQ를 제공하는 것을 넘어 고객의 감정 상태를 파악하고, 과거 상호작용 기록을 학습하여 개인화된 해결책을 제시하는 것이다.

삼성 SDS의 〈인사이드레포트〉에서는 지금 AI 에이전트가 이처럼 주목받고 있는 이유를 2가지로 들고 있다.

첫째는 팬데믹이 불러온 AI 에이전트의 부상이다. 팬데믹은 전 세계 기업들로 하여금 원격 근무와 디지털 전환에 빠르게 적응하도록 강제했고, 생산성과 경쟁력을 유지하기 위해, 기업들은 기존의 단순한 자동화를 넘어선 지능형 시스템을 도입해야 했으며, 이 과정에서 환경을 이해하고 스스로 학습하며 의사 결정까지 지원할 수 있는 AI 에이전트의 필요성이 급부상했다는 것이다. 팬데믹 이후에도 AI 에이전트는 기존의 업무 방식에 근본적인 변화를 가져오는 도구로 정착되고 있는데, AI 에이전트는 업무 자동화, 고객 맞춤형 서비스 제공, 실시간 의사결정 지원 등을 통해 새로운 가치를 창출하며 산업 전반에서 필수적인 존재가 되고 있다는 것이다.

두 번째 이유는 AI 에이전트가 생성형 AI를 만났다는 것이다. 생성형 AI의 등장은 AI 에이전트의 발전을 더욱 가속했고, OpenAI의 ChatGPT와 같은 생성형 AI는 대화를 생성하는 기술을 넘어서 복잡한 의사결정을 지원하며 비즈니스 요구에 즉각적으로 대응할 수 있는 역량을 제공함으로써 기업의 생산성과 효율성을 혁신적으로 향상하고, AI 에이전트가 가진 잠재력을 한 단계 끌어올렸다고 설명하고 있다.

결국, AI 에이전트는 기술적 진화와 경제적 필요성 속에서 강력한 시너지 효과를 만들어낸 기술이며, 이는 단순히 최신 트렌드로 끝나지 않을 것이다. AI 에이전트는 미래의 비즈니스와 산업의 핵심 동력으로 확고히 자리 잡을 것으로 예상하고 있다. 딥러닝과 생성형 AI 기술의 등장으로 AI 에이전트는 단순한 데이터 처리를 넘어 사람처럼 맥락을 이해하고 학습하는 능력을 갖추게 되었다. 이를 통해 대규모 데이터에서 패턴을 추출하고, 보다 복잡한 문제를 해결할 수 있는 역량을 확보하게 되었다.

또한 멀티모달 AI의 등장은 AI 에이전트가 텍스트, 음성, 이미지 등 다양한 데이터를 통합적으로 처리가 가능하도록 해주었다. 예를 들어, 전자상거래에서는 고객의 검색 기록과 구매 패턴을 분석하여 맞춤형 추천을 제공하거나, 헬스케어에서는 환자의 의료 기록과 실시간 데이터를 종합 분석해 개인화된 진단과 치료 계획을 제시하는 방식으로 혁신을 이끌고 있다.[8]

이제 AI 에이전트는 사용자를 보조하는 도구를 넘어 스스로 문제를 정의하고 해결하는 자율적 시스템으로 진화하고 있다. 이는 기존의 챗봇이나 가상 어시스턴트와 같은 기술과는 차별화된 특성을 보여준다. 예컨대, 기업에서는 한편으로 HR Agent, 구매 Agent라는 용어를 사용하기 시작했고 필요 역할들을 구체화하고 있다.

AI 에이전트와 기존 챗봇의 가장 큰 차이점은 자율성과 유연한 상호작용 능력이다. 예를 들어, 고객 상담 에이전트가 매뉴얼과 FAQ를 바탕으로 답변을 생성하고 문의 유형을 분류하는 업무를 수행한다고 가정해보자. 과거 챗봇은 새로운 이슈나 예외 상황에 직면하면 사람이 FAQ를 추가하고 분류체계를 수정해 재학습시키는 것 외에는 대안이 없었다. 이런 끊임없는 유지보수 부담 때문에 결국 버려지는 경우가 많았다고 한다. 하지

8. 〈AI Agent란 무엇인가?〉, 《삼성SDS, 인사이드레포트》, 2025.1.22

만 현재의 AI 에이전트는 다르다. 대응하기 어려운 상담 사례를 바탕으로 분류체계 개선안을 제시하거나, 매뉴얼에 없는 정책이나 프로세스 수립을 관리자에게 건의할 수 있다. AI가 단순한 도구가 아닌 업무 개선을 함께 고민하는 동료로서 역할을 수행하며 진정한 사람과 AI 협업이 가능해진 것이다.

그러나 AI가 사람과 협력해 업무를 스스로 고도화한다 해도 아직 한 가지 한계를 지닌다. 개별 AI 에이전트가 아무리 똑똑해져도 복잡한 업무 프로세스 전체를 혼자 처리하기는 어렵다. 사람끼리도 분업과 협업이 필요하듯, AI 역시 다르지 않다고 한다.[9]

AI를 검증의 대상으로만 간주할수록, 사람이 AI를 활용하고 협업하며 얻을 수 있는 이득은 줄어든다. AI 에이전트라는 새로운 동료를 어떻게 조직에 추가하고 받아들일지에 대한 고민이 중요한 시점에 와있다는 것이다.[10]

AI 에이전트 시대의 핵심은 단순한 기술 도입이 아니라 사람과 AI, 그리고 AI 간의 효율적인 협업체계를 구축하는 것이고, 이를 위해서는 기술적 성능 검증을 넘어 협업 관점에서의 설계와 운영이 필요하다. AI가 진정한 디지털 동료가 되려면 함께

---

9. 김민준, 〈AI 에이전트 '검증'이 아닌 '협업'에 집중해야〉[AI와 디지털 전환], 《전자신문》, 2025.6.24
10. 같은 글. (※ 참조)

성장하고 학습하는 파트너십을 구축해야 한다는 점을 잊지 말아야 한다.

AI 에이전트 시대의 리더십은 기존의 인간 팀 관리와는 다른 새로운 역량과 접근 방식을 요구한다. AI 에이전트를 효과적으로 관리하고 협업전략을 위해서 리더는 AI 에이전트의 전략적 역할을 정의하고 목표를 명확히 해야 한다. 리더는 AI 에이전트가 해결해야 할 핵심 비즈니스 목표를 명확히 설정해야 하고, 단순히 기술 도입을 넘어, AI가 조직의 어떤 가치를 창출하고, 어떤 문제를 해결할 것인지 큰 그림을 그리며 조직구성원들과 합의와 공유를 해야 한다.

아울러 AI가 잘하는 반복적이고 정형화된 업무와 인간이 잘하는 창의적, 전략적, 공감 능력이 필요한 업무를 구분하여 재설계하고 분장해야 한다. AI와 인간이 각자의 강점을 발휘할 수 있는 '하이브리드 팀'의 워크플로우를 설계하는 것이 무엇보다 중요한 것이다. 그리고 더 세부적으로는 AI 에이전트와의 협업 능력 구축을 명확히 할 수 있어야 할 것이다.

AI는 '동료'다

AI 에이전트는 모호한 지시를 이해하기 어렵기 때문에, 리더는 AI에게 구체적이고 명확한 목표와 지시를 내리는 '프롬프트' 작성 능력을 갖춰야 한다. AI 에이전트와 일하는 구성원들도 이런 역량을 갖추도록 훈련의 기회를 부여해야 한다. AI 에이전트의 결과물을 맹목적으로 신뢰해서는 안 된다. 리더는 AI의 결과물을 비판적으로 검증하고, 오류를 찾아내며, 더 나은 방향으로 피드백을 제공하는 역할을 수행해야 한다. 이는 AI의 정확도를 높이고, 궁극적으로 팀의 생산성을 향상시키는 결과를 얻을 수 있다. 또한, AI를 단순히 '대체재'로 여기는 것이 아니라, 함께 협력하는 '동료'로 인식하도록 촉진하고, 중요한 의사결정이나 전략 수립 시에는 리더가 주도권을 가지고, AI에게는 조언과 보조 역할을 맡기는 방식으로 협업해야 한다.

또 조직과 구성원의 변화 관리를 통해 지속적인 학습 문화를 조성하여, 팀원들이 새로운 기술을 학습하고, AI와 협력하는 능력을 키울 수 있도록 지원해야 한다. AI 교육 프로그램이나 워크숍을 제공하여 기술 격차를 해소하는 것이 중요하도록 체계적이고 꾸준한 육성을 지원해야 한다. AI 도입은 일자리 대체에 대한 두려움을 유발할 수 있으며 심리적인 불안감을 가지게 될 수 있음으로, 리더는 AI가 인간의 역할을 완전히 대체하는 것이 아니라, 인간의 역량을 확장하고 더 가치 있는 일에 집중할 수 있도록 돕는 도구임을 투명하게 소통해야 한다. 이 부분은 표면으로 드러나지 않는 저항요소이므로 특별히 신경 쓰고 관리해야 한다. AI의 완성도가 높아질수록 리더가 관심과 노력을 투입해야 할 것이 윤리적 책임 및 거버넌스의 확립이다. 이것이 제대로 관리되지 않으면 협업체계는 지속되지 못할 위험에 빠질 수 있다. 리더는 AI 에이전트 사용에 대한 명확한 윤리적 가이드라인을 수립해야 하며, 데이터 편향성(bias), 개인정보 보호, 의사결정의 투명성과 같은 문제를 사전에 검토하고, 책임 소재를 명확히 해줘야 한다. 또한 AI 에이전트가 의도된 대로 작동하는지 지속적으로 모니터링하고 평가해야 하며 문제가 발생했을 때 신속하게 대응할 수 있는 시스템을 마련하는 것도 중요하다. 협업 과정에 발생하는 이슈들을 신속하게 처리해주는 것도 리더가 해야 할 일이다.

AI 등장 이전에도 전략적인 지향점으로 추구했던 것이 시너지효과를 극대화하기 위해 부서 간 벽 허물기와 함께 일하기를 위해 리더들이 총력을 기울였던 것임을 떠올리면, AI시대도 결국 리더십이 제대로 중심을 잡아야 한다는 사실을 다시 한번 확인할 수 있을 것이다.

AI시대 리더, 당신은 변화의 주도자인가 변화의 대상자인가?

변화의 대상자가 될 수 있다

리더 그룹들과 인터뷰를 하거나 교육장면에서 토론하는 내용을 들을 때면 리더들이 고민이 많을 수밖에 없겠다는 생각이 든다. 특히 사업부나 사업본부를 책임지는 임원들의 경우는 더 심각하게 여러 가지 고민들을 하고 있는 것을 보게 된다. 리더로서 책임져야 할 조직의 KPI가 있고, 목표달성에 올인한다고 하여 언제나 결과도 기대만큼 나와주는 것이 아님을 리더들은 알고 있다. 그게 삶이고 우리가 사는 세상이기도 하다. 그 와중에 AI라는 변화와 도전이 계속해서 압박을 해오고 있으니 속이 타고, 아무것도 안 하고 주위만 살피면 이대로 낙오하는 것 아닌가 하는 막연한 불안까지 리더들을 자극하고 있다. DX(Digital Transformation)의 파도가 잠잠해지기도 전에 AI라는 쓰나미가 몰려오고 있는 것이다. 디지털이 가져오는 변화는 사람을 대체할 정도의 위협이 아니었다. 디지털 도구를 사람이 활용하고 기본적으로는 플랫폼 선상에서 운영하는 것에 집중하면 되었다. 그렇다고 AI를 활용하면 안정적으로 사업성과로 연결된다는 공식이 다수의 회사에서 증명되거나, AI에게 일을 시키는 방법이 매뉴얼 수준으로 정착된 것도 아닌 불확실한 환경 속에서 비즈니스는 돌아가고 있는 것이 현 상황이다.

1장에서도 설명한 바 있지만, 개인이 AI솔루션을 활용하면 분명 유용함과 편리함을 얻게 된다. 특히 반복적으로 사람들이 했던 일들을 AI가 대신해주는 것은 구체적인 성과라고 볼 수 있다. 단, 개인 차원이다. 조직 차원에서 AI를 통한 성과는 아직 진행 중이거나 증명하지 못하고 있거나 기대만큼 획기적인 성과를 손에 쥐기가 어려운 것도 사실이다.

리더들과 AX에 대해 얘기하다 보면 "나도 밀려날 수 있다"라는 걱정을 솔직히 토로하는 리더들은 거의 없지만, 행간을 읽게 되면 그런 불안감을 가지고 있는 것을 알 수 있었다. 같이 일하는 조직구성원들에게 리더들에 대한 생각을 질문하면 불안해 할 것이라 답하는 비율이 상당히 많다는 것도 좀 놀랄 만했다. 왜 그렇게 보느냐고 추가 질문을 하면 자기들보다 새로운 기술을 이해하고 사용하는 것이 익숙하지 않다는 답을 하고 있다. 물론 모든 리더가 다 그렇다고 볼 수는 없다. 리더로 성장해 가는 과정이 신기술을 도입하고 전파하는 일들을 해오면서 현재의 위치에 와있는 리더는 새로운 기술에 대해 더 깊은 지식과 경험을 가지고 있기 때문이다. 리더들이 AI에 대한 역량이 부족하다고 오해를 불러일으키는 이유 중 하나는 그들이 AI를 적극적으로 학습하면서 도입하거나 적용해 보려는 노력을 잘 보이지 않기 때문이기도 하다. 오히려 리더들이 AI에 대한 의문과 문제만 던지고 한발 물러서 있거나, 구성원들의 AI 적용에 대한 건의를 적극적으로 수용하지 않고 있다고 인식하고 있다.

하지만 최근 들어 보이는 리더들의 움직임은 확실히 변하고 있다고 생각한다. AI리더십 교육 중에 리더들의 토의 내용을 접할 기회가 있어 그들의 속마음을 더 잘 이해할 수 있었다. 그 속마음에는 다음과 같은 이유들이 복합적으로 작용하고 있는 것 같다. 즉, AI 기술의 빠른 발전 속도를 따라가지 못하는 상황에서, 리더 자리까지 오면서 축적해 온 자신의 전문성과 경험이 쓸모없어질지도 모른다는 두려움이다. 그러나 이 두려움의 근거가 전부 옳다고는 볼 수 없다. 리더라도 AI가 몰고 온 새로운 변화와 신기술을 배우고 학습해서 적용하는 노력은 동일하게 해야 한다. 젊은 구성원들과 전공자들에 비해 학습속도가 늦을 수 있다. 하지만 2배로 노력하면 금방 따라잡을 수 있다. 키보드를 치는 손가락의 움직임이 조금 느리다고 문제가 되지는 않는다. 본질적인 이슈를 놓치지 않으면 된다. 리더로서의 강점은 이미 가지고 있지 않은가? 직관과 변화 관리의 노하우로 AI를 관리하여 조직의 성과를 얻어내는 데 사용되어야 한다.

리더가 데이터분석가나 머신러닝 엔지니어가 될 필요가 없다. 그런 전문가들이 조직에서 제 역할을 잘 해내고 시너지를 내도록 관리하고 리더십을 발휘해야 한다. 이런 리더십의 역할을 하려면 데이터분석가의 R&R을 이해하고 그들이 조직에 도움을 줄 수 있는 Output이 무엇인지를 명확히 알고 있어야 하는 것이다. 이 정도는 학습으로 충분히 체득할 수 있다.

또한 그동안의 경험과 전문성으로 의사결정을 했던 리더로서의 권위가 약화될 수 있다는 불안감이 있다. AI의 데이터 기반 분석에 의해 의사결정을 해야 하는 시대가 온 것은 사실이다. 데이터 기반의 의사결정은 리더 대상의 교육을 통해 훈련해야 한다.

그러나 엄밀히 따지면 그동안의 의사결정이 데이터를 무시하고 배제한 채 의사결정을 해온 것은 아니다. 그동안의 의사결정도 수집 가능한 데이터와 정보를 가지고 고민하고 진행되었다. 다만 AI로 인해 얻을 수 있는 데이터의 양과 질이 훨씬 더 풍부해지고 정밀해진 것이다. 그럼에도 의사결정의 이슈 중 하나는, 데이터 기반의 의사결정이 100% 성공한다는 보장은 없다는 사실이다. 데이터 기반의 의사결정이 비록 성공확률을 높여주기는 하지만, 그럼에도 최고결정권자의 직관과 지혜가 필요하다.

리더로서 과거와 다른 새로운 역량(데이터 이해, AI 윤리, 알고리즘 사고 등)이 요구되는 상황에서, 이를 얼마나 빠르게 습득하고 적용할 수 있을지에 대한 불확실성으로 인한 약간의 두려움도 함께 존재하고 있다. 여기서 알고리즘 사고는 AI에게 일을 시키기 위해 필요한 논리적 사고이고, 리더로서 반드시 필요한 역량이다.

지금까지는 리더로서 개인 차원의 불안감을 주로 설명했지만, 사실 리더가 더 고민스러운 것은 조직 차원의 고민이자 두려움이다. 최근 들어 글로벌 투자회사들이 조심스럽게 AI 거품론을 제기하기 시작하고 투자 대비 성과가 아직 기대만큼 나오지 않는다는 지적이 공유되고 있다. 자기 조직에 AI를 도입하고 적용했을 때 예상치 못한 부작용이나 실패로 이어질 경우, 그 책임을 자신이 져야 한다는 부담감이 있는 것이다. 그만큼 AI의 불확실성은 여전히 존재하고 있다. AI 도입의 비용도 만만치 않은 데다 자기 조직의 요구와 맞아떨어지지 않을 수가 있기 때문에 이 부담감은 어느 조직의 리더나 공통적으로 가지고 있는 것이다. 이는 AI의 속성이기도 하지만 예측하기 어려운 AI 기술의 발전 방향과 파급력 앞에서, 리더로서 조직과 자신의 미래를 온전히 통제할 수 없다는 무력감도 한몫을 하고 있다. AI이전에는 어느 정도의 예측과 전략 방향성을 잡을 수 있었고 이쪽으로 가자고 리더로서 방향 제시를 할 수 있었지만, 지금은 어디로 튈지 모르는 상황이 더 깊어지는 것이 문제인 것이다. 물론 한 쪽에서는 비즈니스로 AI를 이용하는 컨설턴트들이 침소봉대하여 불확실성을 더 강조하고 위협을 해댄다는 비판도 있다. 이러한 걱정들은 리더십의 본질적인 어려움과 맞닿아 있으며, 이를 솔직하게 인정하고 마주하는 것이 변화를 성공으로 이끄는 첫걸음이 될 것이다.

변화의 주도자가 되고 싶다

변화의 대상자가 될 수 있다는 리더의 불안감도 현실이지만, 모든 리더들이 원하고 가고 싶은 위치는 AI라는 변화를 이끌고 주도하는 성공적인 리더일 것이다.

리더가 변화의 대상이 아닌 주도자가 되기 위해서는 단순히 변화를 따라가는 것을 넘어, 능동적으로 변화를 설계하고 이끌어야 한다.

제일 먼저 해야 할 것은 자신의 강점과 AI 시대의 연결고리 찾아보는 것이다. 자기 성찰을 통해 자신이 어떤 분야에서 강점을 가지고 있는지, 이 강점이 AI 시대에 어떻게 새롭게 가치를 발휘할 수 있는지 깊이 있게 고민해야 한다. 정상분포곡선에 해당하는 리더들로서 리더의 자리까지 올랐다면 실력과 강점은 누구나 가지고 있다고 평가할 수 있다. 예를 들어, 시나리오 플랜에 강점을 가지고 있는 리더라면 과제 해결을 위해 AI에게 프롬프트 질문을 할 때 시나리오 플랜 중심의 구체적인 질문과 예측에 필요한 데이터 입력을 집중적으로 학습시키고 결과물을 검토하고 평가하는 리더십을 발휘하면 AI로부터 얻을 수 있는 output을 성과로 연결시키는 데 결정적인 역할을 할 수 있는 것이다. 무엇보다도, 선제적이고 능동적인 변화를 수용하는 태도를 보여주고 솔선수범하는 것이 변화의 주도자가 되기 위해 리더들이 행동화해야 할 일이다.

지속적인 학습과 수용적인 태도가 중요하다. '배움과 나눔'의 조직문화를 재창조하는 데 앞장서야 한다. 배움에 있어서 AI 기술의 깊이를 모두 알 필요는 없지만, 그 원리와 가능성, 한계에 대해 꾸준히 학습해야 한다. 온라인 강의, 세미나, AI 전문가와의 대화 등 다양한 교육방식과 기회를 조직구성원에게 제공하고 지원해야 한다.

학습 과정이나 회의 중에도 리더로서 모르면 모른다고 솔직히 인정하는 용기가 필요하다. 리더라고 모든 것을 알 수는 없다. AI가 진화하고 있는 과정에 있으므로 창피한 것이 아니다. 모르는 것을 인정하고 질문하며, 전문가의 도움을 적극적으로 구하는 겸손함과 수용성이 중요하다. 이는 조직 내 배움과 나눔의 조직 문화를 조성하는 데에도 긍정적인 영향을 미친다.

배움의 과정이 단순히 이론의 이해가 아니고 직접 AI 도구를 체험해 보거나, 작은 프로젝트에 참여하여 AI의 작동 방식을 체감시켜야 실질적인 경험을 통해 '기술 감각'을 키울 수 있게 됨을 리더가 놓치지 말아야 한다. 구성원들에게 명확한 비전을 제시하고 모든 과정에서 진정성 있는 소통을 해 나가야 한다.

'왜' AI인가? 항상 질문해야 한다. 단순히 유행을 좇는 것이 아니라, AI가 조직의 미션과 비전에 어떻게 기여할 수 있는지 명확한 목적의식을 가지고 제시해야 한다. 이 부분이 현실적으로는 어렵다고 리더들이 토로하고 있다. AI 관련 비전이 진행형이기 때문이다. 리더와 구성원들이 같이 머리를 맞대고 'Why?'에 대한 질문에 답하는 과정을 반복하면서 구체화해야 한다. 이런 과정이 진정한 소통을 가능하게 한다. 리더가 답을 가지고 있으면 좋지만, 답을 같이 만들어가면 공감대 형성이 진실로 이루어짐을 알아야 한다. 변화 관리 과정에서 중요한 것이다.

'솔직한' 대화가 이뤄지려면 리더 자신의 불안감과 기대도 솔직하게 공유하며, 직원들의 우려를 경청하고 함께 해결 방안을 모색하는 진정성을 보여줘야 한다. 이것이 불확실성을 줄이고 신뢰를 구축하는 길이다.

마지막으로 긍정적 스토리텔링을 지속적으로 전달하는 것이다. 이는 구성원들의 심리적 안정감을 주는 데 효과적인 방법이다. AI가 가져올 긍정적인 변화와 기회를 구체적인 스토리로 전달하여 직원들에게 전달하는 것이며, 예를 들면 다음과 같다.

"AI가 기가 막힌 파트너가 될 수 있는 이유는 눈치 안 보고 사실중심으로 피드백 할 수 있다는 점이다. output이 맘에 안 들어도 내 맘에 들 때까지 다시 하라고 할 수 있다. AI는 삐지지 않는다. 상처받았다고 하지도 않는다. 퇴근 시간 다 되었다고 보고서 작업을 중단하고 칼퇴근해서 내 마음을 무겁게 하지 않는 믿음직한 동료이자 후배직원이다. 정확히 업무지시(입력 데이터와 프롬프트)를 하면 정확히 output을 가지고 온다. 얼마나 괜찮은 친구인가? 내가 전문역량만 제대로 업그레이드 하고 있으면 내 자리 뺏지 않는다."

여기까지 왔지만 뭔가 익숙하지 않은가, 듣도 보도 못한 아주 신선한 얘기들인가, 앞에 AI라는 변화를 제외하면 그동안 강조해왔던 리더십과 변화 관리의 본질이자 기본기임을 알게 될 것이다. 물론 AI의 속성에 맞춰 더 강화해야 할 것들과 조금 더 학습하고 경험해야 할 영역이 있지만 큰 줄거리는 변하지 않는다. 리더들이 AI라는 파도에 너무 휘둘리지 않기를 바란다.

2장

AX시대에 요구되는 리더의 논리적 프로세스는 무엇인가?

AX시대에 성과를 극대화하는 조직, 사고의 전환이 필요하다

문제 해결을 위한 접근 방식의 전환

AI 이전에도 기업 조직의 성과를 위해 Performance Technology 영역에서 성과를 극대화하기 위한 여러 가지 Tool들을 소개하고 적용하는 노력이 계속되어 왔다. 그중의 하나로 널리 사용했던 로직트리라는 도구가 있었다. 문제해결을 위해 분석의 프레임을 훈련하고 구체적인 문제와 원인 또는 해결안들을 찾아내는 데 적용해왔다. 이외에도 문제해결이나 의사결정의 도구로 다양한 Tool들을 학습해오고 도입하여 적용하며 성과를 촉진하는 데 집중적인 노력을 기울여왔다. 이런 도구들은 일하는 사람들이 필요한 input을 하고 절차에 따라 나오는 결과물도 직접 산출해내고 검토와 평가를 거쳐 최종 결과물로 보고하거나 사용하는 것이 보통의 경우였다. 누가 도구를 사용하느냐에 따라 결과물의 정확도와 Quality가 좌우되기도 했다. 전문적인 역량을 갖춘 사람이 도구를 이해하고 해석하고 사용할 때 놓치지 않아야 할 포인트를 정확히 잡아내는 것이 중요하게 되었다. 실제로 동일한 주제를 가지고 로직트리를 적용하여 결과물을 내라고 하면 신입사원과 전문 컨설턴트가 내는 결과는 내용의 깊이와 질에서 많은 차이를 보였다.

AI는 사용하는 사람들의 경험과 역량의 차이로 인한 결과물의 차이를 상당 부분 줄일 수 있는 가능성을 보여주고 있다. 물론 그런 차이를 사람에 의해 영향받지 않도록 100% 보장한다고 현시점에서 주장할 수는 없다. 현실적으로는 당장 과제해결을 위해 어떻게 질문하고 필요한 입력 데이터를 얼마나 정확하게 확보할 수 있느냐는 분명 담당자들의 역량 차이가 존재하고, 그에 따라 AI가 주는 결괏값은 차이가 있기 때문이다.

그러나 시간이 흐르면서 AI의 학습경험이 풍부해지면 풍부해질수록 조금씩 사람의 역량 차이로 인한 결과물 차이도 줄어들 것으로 예상된다. 여기서 조직을 관리하고 책임져야 하는 리더들은 3가지 관점으로 AX시대를 돌파해 나가야 한다.

첫째, AI시대에 앞으로 조직구성원들을 어떻게 일하도록 지시할 것인가?

둘째, AI에게는 어떻게 일하도록 지시할 것인가?

셋째, 조직구성원들이 AI와 협업하여 성과를 극대화하도록 어떻게 지시할 것인가?

결국 3가지 관점의 본질은 기존의 일하는 방식에서 유지시켜야 할 것과 AI 환경에서 성과를 내기 위해서 변화시켜야 할 일하는 방식을 구별해내고, 버릴 것을 빨리 버리고 새로 학습하고 적용해야할 것들은 즉시 실행해야 한다는 것이다.

그중의 하나가 기존의 문제 해결과 의사결정에 사용했던 사고방식과 관점에서 순서를 바꿔보는 시도를 해보는 것이다. 머신러닝에서 사용된 논리적 프로세스를 활용하는 것이 조직의 일하는 방식을 변화시키는 데 도움이 될 것 같다. 그동안의 문제해결과 의사 결정 방식이 문제분석부터 원인 분석, 해결안 수립과 평가와 선택 등의 방식을 주로 적용해왔다면 문제가 무엇인지 파악하고 난 후, 원인분석으로 가지 말고 문제를 해결했을 때 결괏값이 어떻게 나오면 되는지를 구체화한다. 그리고 그 결과가 나오면 어떤 효과를 기대할 수 있는지 명확히 한 후, 다시 결괏값을 내기 위해 어떤 입력데이터가 필요한지를 검토하여 결정하고 AI가 우리의 문제를 해결할 수 있도록 구체적이고 정확하게 질문해야 할 프롬프트를 결정하는 것이다. 그러한 후에 우리의 문제를 해결해줄 수 있는 가장 적합한 AI의 알고리즘을 선택하여 해결 과정을 진행하게 하는 것이다.

무슨 차이가 있는가라는 질문이 있을 수 있다. 문제해결의 결과물이 나오는 것은 동일하다고 볼 수 있는데, 이 프로세스가 논리적 접근이라고 표현한 이유는 다음과 같다.

통상 우리가 접근 방식으로 택하는 문제해결 프로세스는 문제를 선정하면 원인분석과 해결안 수립, 수립된 해결안의 평가와 해결안 중에서 최종결정을 하는 절차를 거치게 되는데, 이 방법도 나름대로 효과가 있다. 하지만 AI를 활용한 문제해결의 절차는 문제가 해결되었을 때 Output Image를 먼저 가정함으로써, 즉 결괏값을 구체적으로 기술함으로써 전략적 선택의 범위 안에서 문제해결이 가능할 수 있다는 것이다. 현행 문제해결 프로세스는 심도 있게 원인분석에 시간과 노력을 쏟아붓고 나서 핵심원인을 추출해 내고 그 원인을 해결할 수 있는 해결안을 찾고 나면 해결안이 지엽적인 수준에 그치거나 당장 실행 가능하지 않은 중장기적인 해결안이 나오는 경우도 종종 발생하기 때문이다. 해결단계에 들어가기 전에 결괏값을 설정하지 않기 때문이다. 물론 가설지향적 사고를 통한 문제해결의 방식에서는 가설을 Output으로 설정하고 가설검증의 절차를 거치기도 하지만, 머신러닝의 논리적 프로세스만큼은 아니라고 생각한다.

세부적인 내용은 논리적 프로세스를 도표와 함께 설명해 놓은 논리적 프로세스 항목을 참고하면 이해에 도움이 될 것이다.

AI는 리더십과 변화관리이다

최근 들어 참가해본 AI 관련 세미나들의 주요 내용들을 보면서, 너무나 당연한 주장이고 이제야 강조되고 있다는 것에 다행이라는 생각이 들었다. 즉, AI 혁신의 성공 여부는 리더십과 변화 관리에 있다는 것이다. 2년 전부터 나도 주장해 왔던 내용이다.

당시에 리더들과 임원들을 만나면서 리더들이 제대로 현상을 파악하고 AI라는 신기술을 이해하는 데 시간과 노력을 집중하는 것을 보고 변화과정을 이해하는 것은 잘하고 있다고 평가했다. 그러면서도 솔직히 조직과 구성원들의 심리적 안전감에 대한 고민, 일하는 방식이 변화하면서 이슈가 될 조직 문화, AI와 협업하는 단계로 진행될 때 '준비되어야 할 조직관리 영역, 그리고 조직의 비전과 전략 사이의 연계 등에 더 많은 시간과 고민을 해야 할 텐데 싶은 의문이 들기도 했다. 찬찬히 들여다보면, 결국 지금 얘기하고 있는 것들이 변화 관리이고 리더십이다.

최근에 만나본 임원들이 이 부분에 대해 이렇게 표현하는 것을 듣고 바로 공감이 되었다. "AI라는 거대한 파도에 휩쓸리고 휘둘리어왔다는 고백"이다. 이제라도 기본으로 돌아가서 리더십과 변화 관리의 본질을 놓치지 않겠다는 추가 의견을 들을 수 있었다. 중요한 사고의 전환이고 시작점이라고 생각한다.

1장부터 주장해 왔지만, AI를 구성원 개인이 익숙하게 활용하는 것부터 시작되는 게 자연스러운 진행단계라고 생각한다. 그러나 그것이 조직과 회사의 경쟁력을 높이는 'AI를 통한 혁신이 아니다'라는 사실을 명확히 인지해야 한다. 개인의 업무 효율성 향상이 조직의 성과로 연결되고 구체화되느냐의 문제는 조직 차원의 변화 관리를 잘 이끌어 나가고, 상황이 발생했을 때 리더가 의사결정을 얼마나 신속하고 정확하게 해내느냐의 이슈이다. 반복적인 회의록 정리와 문서 작업, 규격화된 이메일 발송 등을 AI가 대신해줌으로써 일하는 사람들의 업무시간을 절약해주고, 절약된 시간만큼을 조금 더 창의적이고 전략적인 일에 집중할 수 있게 되었다는 조직구성원들의 사례가 그리 많이 보고되지 않고 있는 것도 현실이다. 왜 그런지 원인에 대해 조사한 보고서를 본 적이 있었다. 이른바 '생산성 누수 현상'이라고 하여 이미 1장에서 언급한 바 있다.

리더가 업무를 재조정해주고 평가의 우선순위를 다시 매기고 면담과 코칭을 통해 AI가 할 수 있는 영역과 사람이 해야 되는 영역을 구분해주는 전략적 선택을 지속적으로 적용하며 사후관리를 해야 하는 것이다. 이것은 AI가 등장하면서 새롭게 나온 리더십 행동이 아니라는 것을 리더들은 알고 있을 것이다. AI가 아닌 새로운 시스템 혁신을 도입할 때도 시스템 혁신으로 인해 새롭게 해야 될 일과 기존의 업무 중에 내려놓아야 할 일이 발생되면 조직 내 내재화를 위해 리더들이 면담을 통해 업무 우선 순위와 재조정을 하고 합의를 했었다.

AI라는 혁신요소가 달라진 것이지 리더가 해야 할 리더십과 변화 관리 행동은 기본적으로 맥락이 동일하다. 물론 다른 점이 있다.AI로 인해 사람이 해야 될 일을 AI가 대체한다는 것이다. 이런 변화가 혹시나 하는 불안감을 조직구성원들에게 줄 수 있고 심리적 안전감을 어느 때보다 더 많이 흔들 수는 있다. 그러나 이 부분이 리더가 전혀 아무것도 할 수 없는 영역은 아니다. 인력 최적화를 위해 인력을 전진배치 한다거나 기존 인력의 재교육을 통해 전략적이고 창의적인 영역의 일을 담당하도록 조직구조를 재편하는 방법도 있을 수 있기 때문이다. 리더로서 큰 그림을 그리고 조직의 비전과 전략을 재설정하는 노력이 어느 때보다 더 요구되고 있다. 한편으로는 공감과 소통, 배움과 나늚이 리더십 역량으로 지속적으로 강조되고 있는 것이다.

AI 혁신이라는 거대한 파도 앞에서 파도에 잘 올라타기 위해서는 이 파도가 리더십과 변화관리의 대상임을 재해석하는 사고의 전환부터 확고히 해야 한다.

조직 내 AI 활용을 위해 리더가 받아들여야 할 것과 내려놓아야 할 것

받아들여야 할 것

문제해결과 의사결정의 방식을 AI의 논리적 프로세스를 적용하려고 할 때 관점과 기준을 정립할 필요가 있다. AI는 분명 테크놀로지이고 Tool이다. 기술적인 내용의 이해가 필요하고 학습도 선행되어야 한다. 기업의 성과를 내기 위한 도구로 사용되어야 하는 것이다. 이를 위해 기존의 일하는 방식에 변화를 주는 데 활용되어야 한다. 기술적인 내용을 충분히 알지 못하면 AI를 목적에 맞게 충분히 활용할 수가 없는 것도 사실이다. 그렇다고 기술적인 내용이 조금 부족하다고 하여 부담스러워하거나 불편해할 필요는 없다.

질문을 잘하는 리더가 리더십도 잘 발휘할 수 있다. 질문의 리더십에 대한 책도 출간되는 등 리더십 역량 중 하나로 부각되고 있다.

또 AI와 관련해서 이미 강조되고 있는 것들 중 하나가 프롬프트를 어떻게 잘 설계할 것인가의 이슈이다. 이와 관련하여 어느 디자인 회사의 CEO 얘기를 직접 들은 적이 있다. CEO가 직접 AI를 디자인 영역에 적용해 보고 있는 중인데 기술적인 내용도 당연히 알아야 하지만 AI에게 어떤 질문을 던지느냐에 따라 결과물이 달라짐을 발견하고 디자인 관련 영역의 지식과 경험이 병행되지 않으면 AI에게서 얻을 수 있는 성과가 보장될 수 없다고 경험을 털어놓는 것을 들은 적이 있다.

CEO가 시도한 것은 1차 질문에서는 AI에게 색상을 자신이 처음 의도한 디자인 컨셉에 맞게 해달라고 질문하고 나온 결과물을 보면서 색상과 함께 선과 배합에 대한 전문적인 질문을 2차로 AI에게 던져보니 결과물이 처음보다 더 정교해지는 것을 보게 되었다는 것이다. 직원들에게 자신이 경험한 AI 활용에 대한 성과를 공유하고 한번 시도해 보라고 하였더니 디자이너들의 경력과 전문성의 차이에서 AI에게 던지는 질문의 레벨이 달라짐을 보게 되었고, 결과물의 깊이도 다르게 나오게 됨을 알게 되었다고 한다. 결국, 프롬프트인 질문이 효과적으로 작동되려면 AI에 대한 기술적 지식과 정보도 중요하지만, 과제 해결을 위한 관련 전문지식이 부족하면 안 된다는 것을 실제 사례로 보게 된 것이다.

Domain Knowledge가 강조되고 있는 현시점의 맥락과 연계되는 얘기라고 볼 수 있다. 리더들은 이미 관련 지식과 경험, 그리고 노하우를 보유하고 있기 때문에 AI의 기술적인 내용 학습이 보강되면 질문을 통해 구성원들보다도 더 효과적으로 AI에게 일을 시키고 활용할 수 있는 유리한 고지에 있음을 잊어서는 안 된다. AI에 대한 기술적 교육도 조직에 체계적으로 학습시켜야 하지만, 프롬프트를 설계하는 훈련도 병행하여야 함을 리더로서 놓치지 말아야 하는 부분이다.

논리적 프로세스의 단계에서 문제 해결 과제 선정, 그에 필요한 입력 데이터와 프롬프트, 그리고 결괏값인 Output이 결정되면 최종적으로 이것에 가장 효과적인 알고리즘을 결정해야 한다. 그러나 통상 개발자 수준이 아니면 알고리즘에 대한 전문지식은 조금 부족할 수 있다. 이때에도 개발자나 담당자를 회의에 참석시켜 알고리즘을 설명하게 하고 각각의 장단점을 학습하며 필요시 질문을 통해 요점파악을 하고 나서 최적의 알고리즘을 결정하면 된다.

기술적인 이해 부족이 문제해결이나 의사결정에 결정적인

장애가 되지 않는다는 것도 리더로서 가져야 할 관점이다. AI라는 새로운 업무의 방식이 도입되는 과정에서 약간의 혼란과 시행착오는 존재하지만, 본질은 일을 통해 AI 이전보다 더 큰 성과를 내도록 주어진 문제를 해결하고 의사결정을 잘 해내는 것이다. 리더로서 구성원들에게 효과적으로 일을 시킴으로써 조직의 성과관리를 잘 해내듯이, AI에게도 제대로 일을 시키고 성과관리를 해야 하는 것이 직면한 현실적 이슈이다. 사람만을 관리하던 방식에서 더 이상 사람에게만 초점을 맞춘 전통적인 관리 방식으로는 충분하지 않으며, 이제는 '사람과 AI의 협업'을 조율하는 지휘자 겸 촉진자로서의 역할이 필요하다는 것을 받아들여야 한다. 우선적으로 리더가 AI에게 일을 시키는 방식이며, AI에게 제대로 지시하고 성과를 내도록 하는 것이 바로 논리적 프로세스이다. 달리 말해 AI식 일하는 방식이라고 이해할 수 있다. AI는 이런 방식으로 명령을 받고 Input에 따라 문제해결을 진행하기 때문이다. 이 점을 리더로서 변화의 포인트로 가지고 가야 한다.

기존의 문제해결이나 의사결정의 방식을 전부 버리고 새로운 방식을 학습할 필요는 없다. 단지 출발점을 조금 바꾸고 관리해야 할 단계들에서 더 신경 써야 할 부분을 확인하고 진행하면 되는 것이다. 너무 대단한 변화라고 판단하면서 스스로 위축될 필요는 없다고 얘기하고 싶은 것이다.

내려놓아야 할 것

데이터 기반의 리더십은 '받아들여야 할 영역'에 해당되지만, '내려놓아야 할 영역'에서 다루고자 한다. 이유는 보통의 기업에서 평균적으로 익숙한 리더십 역량이 아니기 때문이다. 또 조심스럽게 다뤄야 할 양날의 검이기 때문이다. AI시대가 등장하면서 가장 많이 다뤄지고 있는 리더십 역량 중의 하나이기도 하다.

그동안 데이터 없이 의사결정을 해 왔다는 것은 아니다. 주요 의사결정을 할 때에 데이터 분석을 시작으로 데이터가 주는 시사점을 면밀히 분석하고 기존의 학습된 경험과 직관까지 동원하여 종합적인 의사결정을 해 왔다. AI가 가져다 주는 데이터의 양과 질이 이전보다 더 풍부해지고 정교해지면서 데이터 기반의 의사결정이 중요해지게 된 것이다. 데이터 기반 리더십의 중심에는 데이터 기반의 의사결정이 자리 잡고 있다.

데이터 기반 리더십은 여러 장점이 있다. 의사결정의 근거를 투명하게 해주고 AI를 활용한 대시보드를 운영하면 현황 파악과 피드백도 구체적이고 실시간으로 확인할 수 있다. 공정성 측면에서는 데이터로 성과와 기여도가 드러남으로써 정실이 개입된다는 오해나 갈등을 최소화할 수 있다. 리더와 친하다느니 그 라인이라 기여도를 상대적으로 높게 평가받았다는 수군거림을 사전에 차단할 수 있기 때문이다. 데이터는 무엇을 성취했고 미흡했는지를 그대로 보여줄 수 있다. 그럼에도 리더가 데이터 기반의 리더십에서 조심해야 할 부분, 특히 여기서는 의사결정에 중점을 두고 설명하고자 한다. 가장 신경 써야 할 부분이 데이터에 담겨 있는 맥락을 잃어버린 채 데이터를 해석하고 그 결과를 가지고 결정을 한다는 것이다. 그것도 데이터를 맹신하면서…. 그런데 근원적으로 접근하면 데이터는 입력과정에서 오류가 발생하면 결과가 잘못 도출된다는 것을 놓치지 말아야 한다. 입력단계에서 특정팀의 성과가 과대평가되거나 과소평가되어 입력에 반영되는 경우도 발생할 수가 있다. 또한 복잡한 현실과 가치를 단순한 수치적 지표로만 환원하여 이해하려는 관점과 경향을 말하는 '숫자 환원주의'의 함정에 빠지지 않도록 해야 한다. 이는 수치화하기 어려운 인간의 가치, 창의성, 윤리적 판단 등을 간과하고 측정 가능한 것만 중요하게 여기는 편향을 부추기면서 데이터에 지나치게 의존하는 리더십을 왜곡시킬 위험이 있기에 내려놓아야 하는 영역이다. 데이터는 의사결정의 도구이지 목적이 아님을 인식하고 데이터가 보여주지 못하는 맥락과 의미를 파악하는 노력이 리더에게 필요하다.

데이터 기반 리더십은 강력한 도구이지만, 잘못 설계된 지표나 무비판적인 활용은 위험을 내포할 수 있기 때문에 신중하고 조심해야 할 필요가 있다. AI가 빠르게 변화를 주도하는 시대에는 과거의 성공 방식만을 고수하거나 정형화된 리더십을 반복하는 것은 위험할 수 있으며 내려 놓아야 할 리더십 행동이다.

결국, 균형 잡힌 리더십의 중요성이 요구되고 있다. AI 이전에도 강조되어 왔지만, 특별히 리더들이 내려놓아야 할 리더십은 수직적이고 폐쇄적인 소통 방식이다. AI시대에 필수요소로 거론되고 있는 학습과 공유의 조직 문화를 재창조하기 위해 진실된 소통과 유연한 리더십을 발휘해야 한다. 리더가 균형을 잃지 않으려는 노력과 함께 중심을 지켜나가야 한다.

AI가 주는 혁신과 변화의 소용돌이만 겉에서 보려 하지 말고 변화 속에 본질을 파악하고 해석해내면 AX시대에도 여전히 경쟁력 있는 리더의 위치를 확고히 할 수 있고 시대에 맞는 리더십을 발휘할 수 있다. 구체적으로 이해하기 위해 다음 장에서 논리적 프로세스가 각각 어떻게 작동되는지, 문제해결의 절차와 순서가 어떻게 다른지를 설명해 놓았다. 기업에서 적용했던 문제해결 사례도 논리적 프로세스에 맞춰 제시해 놓았으니 참고하면 이해와 공감이 더 빠르게 올 수 있으리라 기대한다.

조직 성과 달성을 위한
AI 활용의 논리적 프로세스

조직의 문제를 해결하고 성과로 연결시키기 위해 어떻게 AI를 활용해야 할 것인가를 고민하고 결정해야 하는 리더들에게 필요한 것은 Tool에 대한 기술적 이해에 앞서 어떻게 AI에 접근해야 할지에 대한 논리적 프로세스를 학습하고 적용시키는 것이다. 머신러닝에서 사용되는 프로세스를 활용하는 것이 현시점에서는 우리들에게 익숙하고 빠르게 적용 가능한 것 같다. 의사결정에도 Logical Thinking을 학습하고 적용하듯이 논리적 프로세스도 학습하고 적용하는 것이 의사결정권자인 리더에게 필요하다.

다음 도표에서는 4단계로 논리적 프로세스를 설명하고 있으며 순서에 따라 판단하고 결정하도록 되어 있다. 특이한 점은 순서가 좌에서 우로 순차적으로 진행되지 않는다는 것이다. 1번에서 4번까지의 번호가 매겨져 있는 이유가 그것이다. 1번에서 해결할 문제를 정의하고 선택하면 2번은 필요한 데이터 입력(X:Input)이 아니라 문제해결을 통해 우리가 얻고 싶은 결과(Y:Output)를 정의한다. 결괏값을 통해 얻고자 하는 기대효과를 구체화하는 것이다. AI 이전에도 Output Image를 먼저 그리고 과제해결 작업을 해나가도록 강조했던 것이 기억난다. 이 단계 후에 3번 단계에서 결괏값을 얻기 위해 AI가 학습해야 할 관련 데이터를 수집하고 확보하여 입력시키는 단계를 수행하게 된다. 데이터의 구성 형태에 따라 입력 가능한지가 체크해야 할 사항이고 별도의 데이터 가공 작업이 필요하다면 이 과정에서 조치해야 하나다. 이때 회사의 보안규정도 함께 고려하여 입력데이터를 결정한다. 마지막으로 이 작업을 제일 효과적으로 할 수 있는 AI알고리즘을 결정하는 것으로 논리적 프로세스 적용은 종료된다.

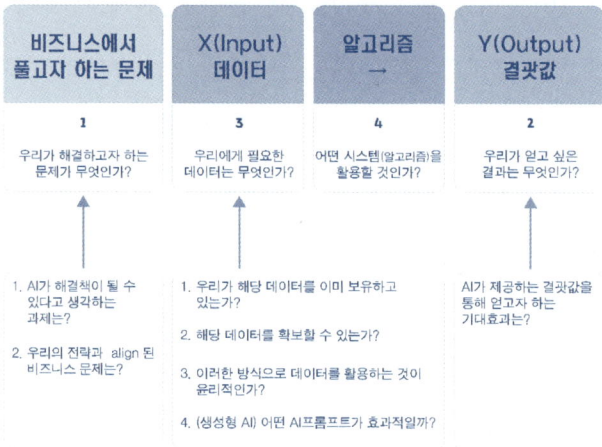

비즈니스에서 풀고자 하는 문제	X(Input) 데이터	알고리즘 →	Y(Output) 결괏값
1	3	4	2
우리가 해결하고자 하는 문제가 무엇인가?	우리에게 필요한 데이터는 무엇인가?	어떤 시스템(알고리즘)을 활용할 것인가?	우리가 얻고 싶은 결과는 무엇인가?
1. AI가 해결책이 될 수 있다고 생각하는 과제는?	1. 우리가 해당 데이터를 이미 보유하고 있는가?		AI가 제공하는 결괏값을 통해 얻고자 하는 기대효과는?
2. 우리의 전략과 align 된 비즈니스 문제는?	2. 해당 데이터를 확보할 수 있는가?		
	3. 이러한 방식으로 데이터를 활용하는 것이 윤리적인가?		
	4. (생성형 AI) 어떤 AI프롬프트가 효과적일까?		

1단계

좀 더 상세하고 구체적으로 단계별 고려사항과 예시를 설명하면, 1단계로는 우리 조직이 비즈니스에서 해결하고자 하는 문제가 무엇인지 명확하게 정의하는 것이다. AI를 적용할 영역이 어디인지를 찾기 시작하면 적용했을 때 어떤 성과를 얻었는지가 명확해지지 않고 적용해 보았다는 실적만을 추구하는 시행착오를 하게 된다. 도입 단계의 문제이기도 하지만 입력해야 하는 데이터로 인해 각 부서의 입력담당자가 별도로 필요하다는 AI 시스템 개발자들의 요구가 그런 사례가 될 수 있다. 인력

1. BTS Seoul, AI Leadership for Business Impact, 2025

효율화를 위해 도입하는 AI가 오히려 사람이 더 필요하다는 모순이 발생할 수도 있기 때문이다. 리더는 조직과제를 선정하기 전에 세부적인 질문을 더 해야 한다. AI가 해결책이 될 수 있다고 생각되는 과제는 무엇인지, 조직의 전략과 그에 맞춰진 비즈니스 문제는 무엇인지, 과제들이 조직이 필요한 전략 과제와 연계가 되어 있는지 검토해서 AI과제로 결정해야 한다. 논리적 프로세스의 실습 사례였던 A사의 사례로 예를 들면, 동남아 지역에 해외생산법인을 설립하고 운영하는 중이었는데 그동안 이슈가 되지 않았던 노동조합과의 단체교섭이 현실적인 이슈가 되어 버렸다. 향후 3개월 이내에 노동조합과 단체교섭에 임해야 하는 상황이다. 공교롭게도 법인장이 교체되어 신임법인장은 부임한 지 1개월 정도가 지난 상황이다. AI를 활용하여 이 문제를 해결해야 하는 HR의 입장에서는 문제를 명확히 정의해야 한다. HR이 정의한 문제는 신임법인장이 처음 접하는 노조와의 단체교섭을 성공적으로 마무리하여 법인운영의 장애 요소를 해결해야 한다. 이를 위해 단체교섭 전략을 수립하고 영어 시나리오로 만들어 사전에 충분한 연습과 준비시간을 확보하여 단체교섭의 성공 가능성을 높이는 것이다.[2]

---

2. BTS Seoul, AI Leadership for Business Impact,2025

2단계

2단계는 AI를 활용하여 과제해결을 할 때 우리 조직이 얻고 싶은 결과가 무엇인지를 분명히 하는 것이다. 이것을 Y(Output) 결괏값이라고 정의한다. AI가 제공할 결괏값을 통해 얻게 될 기대효과가 무엇인지도 구체화해야 한다. 다음의 예제에도 나오지만, AI가 제공한 결괏값이 조직의 성과 및 목표와 관련된 것인지도 분명히 정의할 수 있어야 한다. AI를 위한 AI가 되어서는 안 되기 때문이다.

기대효과가 "AI를 적용해 보았다"로는 충분치 않다. A사의 사례로 2단계를 설명해 보면, 노조와의 단체교섭이 성공하여 단체협약에 노조가 사인하는 것이 얻어야 하는 결괏값(Y:Output)이다. 구체적으로는 해당 법인의 원가경쟁력 확보를 통한 안정적인 생산환경 구축, 성공 가능성이 높은 단체교섭 제안 시나리오, 향후 노사분규의 발생 가능성을 미리 탐지하는 시스템 개발, 노사분규 발생시 대처 시나리오까지 기대할 수 있다.

3단계

3단계는 결괏값을 얻기 위해 우리에게 필요한 데이터가 어떤 것이 있는지, 즉 X(Input)를 결정하는 것이다. 이를 위해 사용할 질문들은 "① 우리는 필요한 해당 데이터를 보유하고 있는지?, ② 해당 데이터를 확보할 수 있는지? ③ 이러한 방식으로 데이터를 활용하는 것이 윤리적인가? ④ 어떤 AI프롬프트가 효과적일까?" 등이다. AI의 결과물을 결정 짓는 것이 어떤 명령어를 입력하느냐에 따라 결과물의 질이 결정되는 것과 같이, 프롬프트를 정확하고 구체적으로 할 수 있도록 훈련시키는 것도 리더의 역할이기도 하다.

결국, 기술도 중요하지만, 전략적이고 논리적인 사고가 병행되지 않으면 AI효과를 극대화시키는 데 장애가 될 수 있다. 이 질문들을 참고하여 입력할 데이터를 결정하면 된다. 프롬프트(Prompt)는 AI 모델에게 주어지는 지시문이나 질문으로, AI가 어떤 방식으로 응답할지 안내하는 역할을 한다. 쉽게 말해, AI와의 대화에서 사용자가 입력하는 첫 번째 메시지라고 볼 수 있다고 이해하면 된다. 프롬프트의 주요 구성요소는 다음과 같다.

- **지시문**(Instruction) : AI에게 수행할 작업을 명확히 지시
- **맥락**(Context) : 관련 배경 정보 제공
- **입력 데이터**(Input Data) : AI가 처리해야 할 구체적인 내용
- **출력 형식**(Output Format) : 원하는 응답의 형태나 구조 지정

프롬프트 질문의 예시는 다음과 같다.

"노동조합의 핵심 요구사항에 대해 우리 회사가 제시할 수 있는 현실적이고 설득력 있는 대안은 무엇이며, 이에 대한 논리적 근거와 데이터는 충분히 준비되었습니까?"

"협상 과정에서 발생할 수 있는 예상치 못한 쟁점에 대비한 시나리오와 각 시나리오별 대응 전략이 수립되었습니까?"

AI에게 일을 시키기 위한 명령어인 프롬프트에 대한 교육과 적용훈련은 리더와 구성원 모두에게 필요하다.

A사의 사례를 위의 3단계 프로세스에 따라 정리해 보면, 입력할 데이터로는 해당 법인의 인건비 구조와 합리적인 인건비 비율 산출공식이 필요하다. 그래야 노조가 요구하는 임금 인상에 대한 수용 여부와 협상 시 논리적인 근거를 제시하기 할 수 있기 때문이다. AI는 이 자료를 분석하여 회사 측의 제시안을 제공해 주게 된다. 현지 노동법(특히 할 수 있는 것과 하지 말아야 할 법 조항 중심으로)을 입력하고 프롬프트 질문을 통해 단체교섭 시

법적으로 조심해야 할 것들과 당당히 주장해도 될 것들을 사전에 준비할 수 있어야 한다. 노동조합의 구성과 인적사항, 해당 지역의 노사 단체교섭 패턴자료, 해당 지역의 단체교섭 시 커뮤니케이션 스타일, 해당 지역의 타사 노사분규 발생보고서 등이 해당된다.

4단계

4단계는 결괏값과 기대효과, 그에 필요한 입력할 데이터의 선정이 마무리되면 마지막으로 이런 성과를 얻기 위해 어떤 시스템(알고리즘)을 활용할 것인가를 결정하게 된다.

리더로서 기술에 대한 기본적인 이해는 AI기술지원부서의 리더가 아니라면 AI기술 전문가들과 대화할 정도의 수준이 되도록 노력하면 되지만, 논리적 프로세스의 과정은 충분히 이해하고 익숙해지는 것이 필요하다.

기업별
실제 적용 사례

HR과제 적용 사례(채용경쟁력)

AI를 적용하여 HR이슈인 우수인력 채용 시 최종단계에서 채용예정 인재가 회사의 오퍼를 거절함으로써 발생하는 채용 실패의 문제를 해결하기 위한 사례이다. 실제로 발생하는 일로, 최종단계에서 Right People을 놓치게 되면 그동안의 시간과 노력, 그리고 비용 등을 소모하게 되고, 회사 입장에서는 꼭 필요한 핵심인력 확보에 실패함으로써 채용 경쟁력을 갖추지 못하는 타격을 입게 될 수 있다.

1단계에서 AI를 활용하여 해결할 수 있는 과제인지 그리고 전략과 연계된 비즈니스의 문제인지를 체크하여 최종적으로 우수후보자들이 최종단계에서 입사를 포기하는 채용실패 문제를 해결하는 것을 과제로 선정한다.

2단계에서는 이 문제가 해결되면 얻을 수 있는 결과물이 무엇인지를 구체화시킨다. Y(output)결괏값을 결정하는 단계가 된다. 오퍼 거절 확률(%)을 현재보다 낮추고 오퍼거절 사유를 세부적으로 정량적으로 분석하여 채용후보자들에 대해 개인맞춤형 채용전략을 수립하는 것이다. 이런 결과를 얻을 수 있다면 기대효과는 우수후보자에 대한 전략적 채용 성공률이 향상되고 회사는 채용경쟁력을 업그레이드시키게 된다. 핵심인재의 적시 확보는 회사의 브랜드와 경쟁력을 확보하는 데 결정적 요소 중 하나가 될 수 있기 때문이다.

3단계에서는 결괏값을 얻기 위해 어떤 데이터를 입력해야 하고, 필요데이터가 확보되어 있는지, 확보되어 있지 않다면 어떤 방법으로 필요 데이터를 확보할 수 있는지, 그 과정에서 데이터의 활용은 윤리적인 문제는 없는지 따져 보아야 한다.

마지막으로는 어떤 입력명령어를 입력해야 하는지 프롬프트가 효과적으로 입력되기 위해 함께 고려된다.

AI 적용 프로세스 예제[3]

우리가 비즈니스에서 풀고자 하는 문제	X(Input) 데이터	알고리즘 →	Y(Output) 결괏값
1. 우리가 해결하고자 하는 문제가 무엇인가?	3. 우리에게 필요한 데이터는 무엇인가?	4. 어떤 시스템(알고리즘)을 활용할 것인가?	2. 우리가 얻고 싶은 결과는 무엇인가?
우수 후보자와 최종단계 오퍼 거절로 발생하는 채용실패 문제 해결	• 우수 인재 채용 이력 • 우수 인재 근속 데이터 • 지원자 이력 • 인터뷰 피드백 • 채용 과정 커뮤니케이션 내용 • 시장 Benchmark (연봉, 복지, 경쟁사 오퍼 상황…)	→	• 오퍼 거절 확률(%) • 오퍼 거절 사유 • 개인 맞춤형 채용 전략 **기대효과** 우수 후보자에게 전략적 채용 성공률 향상

위의 예제에는 필요 데이터로 우수인재 채용 이력, 우수인재 근속데이터(우수인재들이 입사 후 retention이 잘 되고 있는지, 또한 기대만큼 성과를 내고 있는지 등을 알 수 있는 데이터, 지원자 이력, 인터뷰 내용과 피드백, 채용과정에서 커뮤니케이션했던 내용들, 시장 benchmark(연봉, 복지, 경쟁사 오퍼 상황) 등을 입력하게 된다. 인터뷰나 지원자 이력이 최종단계에서 오퍼거절에 상관관계가 있는지도 AI를 통해 발견해 낼 수 있다면 문제해결에 큰 도움이 될 수 있다. 그리고 마지막 4단계에서는 어떤 시스템(알고리즘)사용이 적절하고 효과적인지를 판단하게 된다.

---

3. BTS seoul, Client conference "AI in Action: Your Strategic Enabler", 2025.6.10

NETFLIX 고객 관계 사례

넷플릭스의 프로세스 사례[4]

NETFLIX

우리가 비즈니스에서 풀고자 하는 문제	X (Input) 데이터	알고리즘*	Y (Output) 결과값
1. 우리가 해결하고자 하는 문제가 무엇인가?	3. 우리에게 필요한 데이터는 무엇인가?	4. 어떤 시스템(알고리즘)을 활용할 것인가?	2. 우리가 얻고 싶은 결과는 무엇인가?
시청자의 넷플릭스 이용 경험 및 충성도 향상	시청자 데이터 (시청 기록, 검색 기록, 별점 등)	➡	"시청자가 계속해서 넷플릭스를 보고 싶어했으면 좋겠어" → 고객 맞춤형 추천, 맞춤형 썸네일
"시청자들이 넷플릭스에서 좋은 경험을 하고, 계속해서 넷플릭스를 이용했으면 좋겠어."			"시청자가 좋아할 콘텐츠를 만들 수 있었으면 좋겠어" → Netflix가 다음에 어떤 오리지널 콘텐츠를 만들면 좋을지 예측

NETFLEX는 1단계에서 우리가 비즈니스에서 풀고자 하는 문제로 비즈니스 모델에 입각할 때 시청자들의 충성도와 이용 경험을 어떻게 지속적으로 향상시키고 유지시킬 수 있느냐가 과제로서, 매우 중요할 수밖에 없다. 매출과 직결되는 이슈이기 때문이다. 도표에 표현되었듯이, 구체적으로는 고객인 시청자들이 넷플릭스에서 좋은 경험을 하고 다른 채널로 가지 않고 계속해서 넷플릭스를 이용하게 하는 것이 해결하고 싶은 과제인 것이다.

---

4. BTS seoul, Client conference "AI in Action: Your Strategic Enabler", 2025.6.10

2단계는 해당 문제를 해결했을 때 넷플릭스가 얻고 싶은 결괏값으로, 시청자가 계속해서 넷플릭스를 보고 싶어하도록 고객맞춤형 추천과 맞춤형 썸네일이 만들어지기를 기대하고 Output으로 나와주기를 기대한다. 또한 궁극적으로는 시청자가 좋아할 콘텐츠를 제작할 수 있으면 좋겠다는 것이고 결과물로 다음에 어떤 오리지널 콘텐츠를 만들면 좋을지가 예측되었으면 한다는 내용을 결과물로 구체화시켰다.

3단계로 이런 결과물을 얻기 위해서 어떤 데이터를 입력해야 하는지를 결정한다. 기존에 확보된 넷플릭스의 시청자데이터인 시청기록, 검색기록, 만족도 표시인 별점 기록들을 입력한다.

마지막 단계는 어떤 시스템(알고리즘)을 활용할 것인지를 선택한다. 즉, 결과물을 산출할 수 있는, 그리고 데이터 처리에 효과적인 알고리즘을 선택하는 결정을 하면 된다는 것이다.

간단하게 논리적 접근 프로세스를 설명했지만 각 단계에서 조직구성원들을 참여시키고 consensus를 이루게 하며, 이 과정에서 조직을 학습시키고 축적된 경험들을 공유시키며 관련 전문가들과 논의과정을 거쳐 Output이 기대대로 나올 수 있도록 과정을 관리하는 것은 변화관리 리더십을 발휘하는 것과 동일한 것이다.

Morgan Stanley 신입직원의 조기전력화 사례

모건스탠리는 골드만삭스, JP모건체이스와 함께 미국의 3대 투자은행으로 불리며, 글로벌 금융 위기 이후 은행 지주회사로 전환하여 더욱 안정적인 사업 구조를 갖추고 있다. 모건스탠리의 직원들은 다양한 전문 분야에서 중요한 역할을 수행하고 있다. 직원들은 투자은행가로 기업인수합병(M&A) 자문, 기업공개(IPO) 주관 및 실행, 자금 조달 전략 수립을 도와주고, 한편으로는 자산관리사로서 개인 및 기관 고객의 자산 관리, 맞춤형 투자 포트폴리오 설계, 재무 계획 및 상속 관련 자문, 그리고 트레이더로 주식, 채권, 파생상품 등 금융상품 거래, 시장 동향 분석 및 거래 전략 수립을 하는 역할을 수행하고 있다.

어느 조직이나 마찬가지이지만 금융업계에서 고객을 상대하는 직원들의 직무역량은 성과와 직결되기도 한다. 특히 역량 있는 시니어들의 경험과 노하우를 모든 레벨의 직원들에게 실시간으로 공유할 수 있다면 매번 주니어직원들에게 하나하나 알려주지 않아도 조직 내 지식공유가 이뤄지게 되고 조직역량이 동반 상승할 가능성이 커질 수 있다.

이것에 착안하여 모건스탠리는 AI를 활용하여 지식공유 시스템을 개발했다. 그 과정을 논리적 프로세스라는 절차로 설명하고 있는 것이 다음의 도표이다.

먼저 문제 정의를 명확히 한다. 우리가 비즈니스에서 풀고자 하는 문제가 무엇인지 정의한다. 시니어 레벨의 풍부한 지식과 노하우를 모든 레벨의 직원에게 확산시키고 싶다는 것이다. 이 문제를 해결하면, 즉 우리가 얻고 싶은 결과는 무엇인가를 구체화한다. 이 문제가 해결되면 주니어들도 시니어만큼 빠르고 정확하게 고객 응대를 할 수 있도록 고객 질문에 대해 지식과 노하우를 전달하게 되는 것이다.

다음 단계는 이런 결괏값(Y:output)을 얻기 위해서 어떤 데이터(X:input)를 입력해야 하는지를 결정해야 한다. 우리에게 필요한 데이터는 무엇인가라는 질문을 통해 필요 데이터를 준비한다. 도표에 설명했듯이 주니어가 잘 모르는 영역에 해당하는 시니어의 노하우와 시장, 업계 지식, 주니어가 궁금해하는 질문들과 관련한 데이터를 찾아서 입력해야 한다. 여기까지 결정이 되면 어떤 알고리즘이 문제해결에 가장 적합한지를 선택해야 한다. 여기서는 GPT-4로 결정하였다. 이런 논리적 프로세스 훈련과 연습이 지속되어 여기에 숙달되어야 한다. 리더가 먼저 논리적 프로세스의 접근방식에 익숙해지고 조직구성원들과 함께 문제해결과 비즈니스 과제를 추출해서 AI솔루션을 개발해 나가는 리딩을 할 수 있어야 한다.

모건 스탠리의 문제 해결 프로세스[5]

Morgan Stanley

우리가 비즈니스에서 풀고자 하는 문제	X (Input) 데이터	알고리즘∗ ➡	Y (Output) 결과값
1. 우리가 해결하고자 하는 문제가 무엇인가?	3. 우리에게 필요한 데이터는 무엇인가?	4. 어떤 시스템(알고리즘)을 활용할 것인가?	2. 우리가 얻고 싶은 결과는 무엇인가?
시니어 레벨의 풍부한 지식과 노하우를 모든 레벨의 직원에게 확산시키고자 함	주니어가 잘 모르는 영역의 시니어의 노하우 & 시장, 업계의 지식, 주니어의 질문	GPT-4	주니어들도 시니어만큼 빠르고 정확하게 고객 응대를 할 수 있도록 질문에 대한 지식/노하우 전달
"시니어들이 주니어에게 죽으나 사나 알려주지 않아도 지식과 노하우를 전수할 수 있으면 좋을텐데…"	'고객에게 급부로 응대해야 하는데 어떤 내용을 먼저 설명해야 할 지 모르겠어'		"즉 고객에게 서비스를 제공하는 데 도움이 될 것"

---

5. BTS seoul, Client conference "AI in Action: Your Strategic Enabler", 2025.6.10

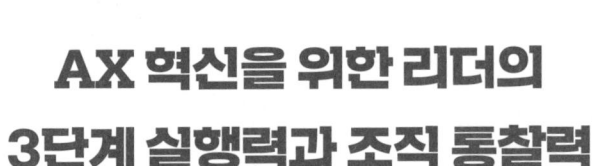

3장

AX 혁신을 위한 리더의
3단계 실행력과 조직 통찰력

AI 혁신을 위한 3단계 모델인 'Explore, Experiment, Impact'는 AI 기술을 조직에 성공적으로 통합하고 가치를 창출하기 위한 체계적인 접근법을 제시한다. 전체 맥락을 이해하도록 3단계를 아래 도표로 그려놓았다.

1단계인 'Explore' 단계는 AI 혁신의 출발점이다. 조직의 현재 문제와 기회를 이해하고, AI 기술이 어떻게 이를 해결하거나 개선할 수 있을지 탐색하는 과정이다. AI를 통해 무엇이 가능하고 불가능한지를 학습하는 단계이기도 하다.

2단계인 'Experiment' 단계는 AI 아이디어가 현실의 가치로 전환되는 가장 중요한 교차점이며, 이 과정을 얼마나 체계적이고 깊이 있게 수행하느냐가 AI 혁신의 성패를 좌우한다. 실제로 구체적인 비즈니스과제에 AI를 실험적으로 적용해 보는 단계로 진행된다.

3단계인 'Impact' 단계는 성공 사례에서 나온 효과와 성과를 직접 조직에 적용해보고 확장시켜 나간다. 각 단계별로 조직과 리더가 해야 할 세부사항은 Explore단계부터 순서대로 설명하고 마지막에는 각 단계를 리더로서 어떻게 해석하고 추진해야 하는지 리더의 관점을 정리하였다.

AI 트랜스포메이션의 3단계[1]

1st Shift	2nd Shift	3rd Shift
Zero to	Awareness to	Use Case to
Explore	**Experiment**	**Impact**
무엇이 가능하고 불가능한지 익히는 단계	실제 구체적인 사례에 실험적 적용을 시도하는 단계	일부 성공 사례에서의 효과를 조직 전체로 확장하는 단계

1. BTS conference, 'AI in Action, Your strategic Enabler', 2025.6.10

Explore (탐색) : AI가 할 수 있는 것과 할 수 없는 것을 이해하는 단계

AI가 잘할 수 있는 것과 할 수 없는 것들을 구분

AI는 본질적으로 데이터를 기반으로 패턴을 학습하고 예측을 수행하는 데 매우 뛰어나고, 다음과 같은 업무에 활용하면 효과적이다. 반복적이고 규칙적인 작업인 대량의 데이터 입력, 보고서 작성, 이메일 분류와 같이 정해진 규칙에 따라 반복되는 작업은 AI가 사람보다 훨씬 빠르고 정확하게 처리할 수 있다. 예를 들어, 재고 관리 시스템에서 자동으로 재고를 파악하고, 고객 문의를 유형별로 분류하는 일 등이다. 또한 대규모 데이터 분석 및 패턴을 감지하고, 방대한 양의 데이터를 분석하여 사람의 눈으로는 찾기 어려운 패턴이나 인사이트를 발견하는 데 AI가 강점을 가지고 있다. 시장 동향 예측, 고객 행동 분석, 사기 거래 감지 등 데이터가 핵심인 분야에서 큰 가치를 창출할 수 있다. 복잡한 변수들을 고려하여 최적의 경로를 찾거나, 생산 공정을 자동화하는 데 AI가 활용될 수 있다. 물류 배송 경로 최적화, 제조 공정에서의 불량품 검사 등을 들 수 있다. 고객의 구매 이력이나 행동 데이터를 분석해 개인에게 맞는 상품을 추천하거나, 맞춤형 콘텐츠를 제공하는 데도 AI가 효과적이라고 한다.

반면에 AI가 어려워하는 것(사람이 더 잘하는 것), 혹은 한계를 보이는 것은 창의성, 공감 능력, 복잡한 윤리적 판단과 같이 인간 고유의 능력이 필요한 영역이라고 한다.

높은 수준의 창의성과 비전과 같이 완전히 새로운 아이디어를 내거나, 예술적 영감을 발휘하는 것은 아직까지 AI의 영역이 아니고 기존 데이터의 패턴을 조합하여 새로운 것을 만들어낼 수는 있지만, 진정한 의미의 혁신적인 아이디어를 창출하기는 어렵다.

복잡한 윤리적 판단과 감정적 공감등과 같이 사람의 감정을 이해하고 공감하는 능력, 옳고 그름에 대한 윤리적 판단은 AI로 대체할 수 없는 영역이다. 예를 들어, 고객의 불만 사항을 처리할 때 단순히 정해진 답변을 제공하는 것이 아니라, 고객의 감정을 헤아리고 진심으로 사과하는 일 등은 아직까지 AI의 영역이 아닌 것이다. 또한, 1대 1로 감정을 교류하고 공감해주며 영향을 미치는 전략적 리더십을 발휘하고 조직구성원들에게 비전과 동기를 부여하는 리더십 행동은 아직 AI가 대체할 수 없는 인간의 고유한 영역으로 평가되고 있다. AI를 활용할 영역에 대한 구분 기준은 간단히 말해, "'데이터'와 '규칙'으로 명확하게 정의할 수 있는가?"를 기준으로 삼고 데이터가 풍부하고, 작업의 규칙이 명확하며, 반복적으로 수행되는 일 중심으로 AI를 활용하는 접근이 전략적인 접근이라고 할 수 있다. 이러한 기준을 바탕으로 조직의 업무를 분석해 보면, AI를 어디에 도입해야 효과적일지 명확한 답을 찾을 수 있을 것이다.

다음 단계에서는 먼저, 문제 정의 및 기회 식별이다. 조직이 해결하고자 하는 가장 중요한 문제(예: 고객 이탈율 감소, 생산 효율성 증대)를 명확히 정의하고, AI 기술을 통해 새로운 비즈니스 모델이나 서비스를 창출할 수 있는 잠재적인 기회도 함께 찾아낸다. 데이터 자산을 평가한다. AI는 데이터에 기반하여 작동하므로, 조직이 보유하고 있는 데이터의 양, 질, 접근 가능성을 평가하는 것이 중요하다. 어떤 데이터가 존재하며, 어떤 데이터를 추가로 수집해야 할지 파악한다. 또한 기술 동향 및 사례 조사를 실시한다. 최신 AI 기술 동향(예: 생성형 AI, 머신러닝, 컴퓨터 비전)을 파악하고, 비슷한 문제를 해결한 다른 기업의 성공 및 실패 사례를 조사하여 벤치마킹하여 잠재적 솔루션을 구상한다. 브레인스토밍을 통해 AI를 활용한 다양한 잠재적 솔루션을 구상하는데, 이 단계에서는 아이디어의 현실성보다는 가능성을 넓게 탐색하는 것이 중요하다.

탐색 단계의 사례

글로벌 기업인 유니레버(Unilever)의 사례가 있다. 이 회사는 방대한 양의 고객 문의와 소비자 데이터를 보유하고 있었고, 탐색 과정을 통해 유니레버는 챗GPT API를 활용하여 이 데이터를 분석하고, 반복적인 고객 문의에 자동으로 응대할 수 있는 AI 서비스의 가능성을 탐색했으며, 마케팅 콘텐츠 제작에 AI를 활용할 수 있는 방안을 모색하여 AI가 제공할 수 있는 가치를 평가했다. 한편, Business Insider 2025년 "AI in Action" 칼럼에서 제약회사인 존슨앤존슨(J&J)의 사례가 언급되었다. 이 회사는 생성형AI의 도입과 교육이 생산성 증대를 촉진시킬 수 있을 것이라는 기대감으로 탐색 단계에서 우선 직원들이 AI를 효과적으로 사용할 수 있도록 AI 교육을 통한 직원들의 역량 강화를 추진했다. AI 관련 커리큘럼을 개발하여 교육하였고 AI에 대한 마인드셋 교육도 병행했다. AI를 어떻게 보고 대할 것인가 하는 마인드셋은 출발점에서 매우 중요하며 저항관리에도 필요하다고 생각한다.

직원들 각각의 처해 있는 상황과 맥락이 다르기에 전부라고 하기에는 무리가 있지만, AI가 자신의 일을 대치할 수 있다는 불안감과 의구심은 존재하기에 겉으로든 속으로든 약간의 불안과 저항은 가지고 있을 수 있기 때문이다. 그래서 마인드셋 교육은 필요한 것이다. 기술교육으로만 AI를 탐색하지 않고 조직 문화와 일하는 방식의 변화로 보고 전략적으로 탐색하는 것이 성과를 도출하는 데 꼭 필요한 의사결정이다. 그런 측면에서 존슨앤존슨(J&J)의 시작은 효과적인 시도라고 판단된다. 이 회사는 13만8000명의 직원 중에 5만6000명 이상의 직원에게 생성형AI 교육을 이수시켰으며, 1만4000명 이상의 직원들에게는 AI, 증강현실, 자동화 등을 포함한 심층교육을 디지털 부트캠프에서 3,700시간 동안 받게 하였다.

교육을 통해 직원들은 AI를 요약과 프롬프트 엔지니어링에 활용할 수 있게 되었다. 여기서 프롬프트 엔지니어링은 생성형AI에게 가장 올바른 질문을 던지게 하여 최적의 결과를 얻게 하는 것이다. 2023년에는 6주간의 Digital Immersion 과정을 파일럿으로 운영하기 시작했다. 내용은 AI, 데이터 사이언스, 그밖에 부각되고 있는 다른 최신기술들이었고, 2,500명 이상이 참가하였다. 교육과 함께 필요 인재 요건과 채용 조건에 변화가 생겼다.

인재 요건으로 그동안 유지해 온 전문적인 핵심업무기술인 약품 개발과 공급망관리, 재무관리와 함께 AI 기술에 능통한 이중언어구사(a bilingual employee) 가능한 직원이 되기를 회사는 기대하기 시작했다.

채용에 있어서도 생물학과 화학 외에도 AI 관련 지식을 갖춘 직원의 역할이 필요하게 된 것이다. 생물학과 화학, 그리고 AI 관련 노하우의 결합이 새로운 직원의 역할로 대두되었다. AI가 직원채용과 관리영역에서 변화를 이끌어가는 사례이기도 하다.

스완슨(J&J CIO)은 이 과정에서도 임원들의 역할 행동이 중요함을 강조했다. AI 기술 활용 역량을 지속적으로 촉진시키고 그런 분위기를 조직 문화로 연결되도록 스폰서십을 발휘해야 한다는 것이다.

글로벌제약회사 Merck는 처음부터 탐색단계에서 GPTeal이라는 전사 AI플랫폼을 만들어 전 직원이 사용할 수 있도록 과감한 투자를 하였다. GPTeal을 통해 전 직원은 LLM(Large Language Models인 Chat, Meta's Liama, Antropic's Claude등에 접속하여 활용할 수 있게 하였고, 생성형AI를 활용하여 이메일 초안과 메모, 생산적인 일에 활용하도록 격려하였

다.[1]

AI 관련 교육을 전 직원에게 한다는 것은 조직에 주는 분명한 메시지가 될 수 있다. 향후 AI 관련 기술 없이는 업무와 일하는 방식에 적응할 수 없다는 무언의 메시지이기 때문이다. 그래서 리더의 스폰서십을 보여주는 것이 중요하다. 그리고 어디에 적용할 것인가를 조직이 같이 고민하고 여러 개의 후보 과제들을 모으는 것도 필요하다.

이 과정에서 AI 적용에 대한 공감대 형성을 지속적으로 추진해야 한다. 계층별 Cascading W/S도 효과적일 수 있다. 당장 구체적이고 명확한 답이 나올 수 없을지라도 AI가 영향을 줄 미래를 가설지향으로 그려 보도록 조직에 자극을 주는 것도 임원이자 리더의 할 일이다. 탐색단계가 어느 정도 진행되면 일단 적용과 실험의 단계로 넘어가야 한다. 도전 없이 성공 없다는, 어찌 보면 식상한 주장을 기억해야 하는 것이다.

---

1. Business Insider, "AI in Action", 2025.3.11

Experiment (실험) : 실제로 구체적인 사례에 AI를 적용하기

Experiment의 특성

이 단계에서는 구체적인 사례에 AI를 적용해 보기 위해 탐색 단계에서 구상한 여러 아이디어 중 가장 유망한 것을 선정하여 실제로 소규모로 구현하고 검증한다. 이 단계의 목표는 빠르게 실패하고 배우며, 가장 효과적인 솔루션을 찾아내는 것이다.

'Experiment' 단계는 AI 솔루션을 실제 비즈니스 환경에 시범적으로 적용하며, 그 효과를 검증하고 배우는 과정이다. 이 단계는 다음과 같은 과정이 필요하기 때문에 리더들은 특별히 관심을 기울여야 한다.

AI를 적용해 보고 실험하는 반복적 학습 과정이라고 기본전제를 가지고 시작해야 한다. 누구도 적용해 본 경험이 없는 과제들을 처음 해보는 것이므로 한 번에 완벽한 AI 솔루션을 찾는 것이 아니라, 작게 시작하여 빠르게 피드백을 얻고 개선해 나가는 반복적인 사이클이라고 이해하고 시작해야 한다.

경영 혁신을 추진할 때 항상 강조되었던 것이 실패를 용인해주는 조직 문화가 우선되고 조성되어야 한다는 것이다. 그래야 실패를 두려워하지 않고 도전한다. 너무 당연하고 일반화된 원칙이지만, AI라는 혁신에도 동일하게 적용된다. AI 실험은 항상 성공을 보장하지 않는다. 따라서 실패는 자연스러운 학습 과정의 일부이고, 이를 통해 더 나은 해결책을 찾아가는 '학습된 실패 (Learned Failure)'를 장려하는 조직 문화가 필요하다. 탐색 단계가 지나고 이제 AI를 적용하고 실험해 보고 직접 경험하는 실험 단계로 넘어가기 위해 필요한 것이다.

결국, 리더가 만들어야 할 것은 학습된 실패를 인정하는 분위기인데, 여기에서 특히 현장관리자들의 역할이 중요하다. 그리고 그것보다 더 중요한 것이 경영자들이다. 경영자라 함은 현장관리자의 리더를 의미한다. 아무리 현장에서 관리자들인 리더들이 실패를 두려워 말고 실험하고 적용하라고 독려해도, 막상 실패 결과를 보고하면 경영자들이 얼마나 감싸주고 격려해주느냐가 관건이 된다. 물론 모든 실패를 지적하지 않는다 하더라도 한

번이라도 부정적인 시그널을 보내면 그동안의 노력이 물거품이 될 수 있다. 관리자들이 실험과정에서 실패 가능성이 있거나 결과의 불확실성이 높다고 예상되는 AI 과제들을 피하게 되는 역효과가 발생할 수 있다. 혁신을 추진할 때 추진팀은 다기능팀으로 구성하는 것이 보통이다. 팀의 시너지 효과를 극대화하기 위한 것이다. AI라는 특성으로 인해 더욱 다기능팀의 구성이 필요해진다.

구성은 조직의 상황과 난이도, 실험대상의 과제에 따라 다를 수 있지만, 보통의 경우는 AI 기술 전문가, 현업 도메인 전문가, 데이터 전문가, 그리고 과제의 주관부서 담당자 또는 관리자 등 다양한 배경을 가진 구성원들이 함께 협력해야 한다. AI이전에도 중요한 역량으로 강조되었지만, AI시대가 도래하며 더욱 강조되고 있는 것이 협업능력이다. 다양한 배경의 팀원들이 시너지를 극대화하여 AI 프로젝트의 성공확률을 높이는 데 꼭 필요한 역량이다.

실험과 검증의 과정

Experiment 단계는 실제 현장에서 실험과 검증이 일어난다. 그 반복되는 과정은 다음의 도표에 잘 설명되어 있다. AI 적용

과제를 결정하면 먼저 가설을 설정한다. 예를 들어 "AI 기반 추천 시스템을 도입하면 고객의 재구매율이 10% 증가할 것이다"와 같이 구체적이고 측정 가능한 가설을 설정한다. 그 다음으로 가설을 검증할 수 있도록 프로토타입을 개발한다. 모든 기능을 갖춘 완벽한 제품을 만드는 대신, 핵심 기능만 담은 소규모 프로토타입(최소 기능 제품)을 빠르게 개발한다. 이는 시간과 비용을 절약하고, 초기 피드백을 얻는 데 효과적이다.

다음으로, 만들어진 프로토타입을 실험하고 검증한다. 프로토타입을 실제 환경에 적용하거나, 특정 사용자 그룹을 대상으로 실험을 진행한다. 이 과정을 통해 가설을 검증하고, AI 모델의 성능을 평가한다.

그러고 나면 피드백을 수집하고 반복한다. 실험 결과를 분석하고, 사용자나 이해관계자로부터 피드백을 수집하고 이를 통해 모델을 개선하거나, 새로운 가설을 설정하여 다시 실험하는 '반복' 과정을 거친다.

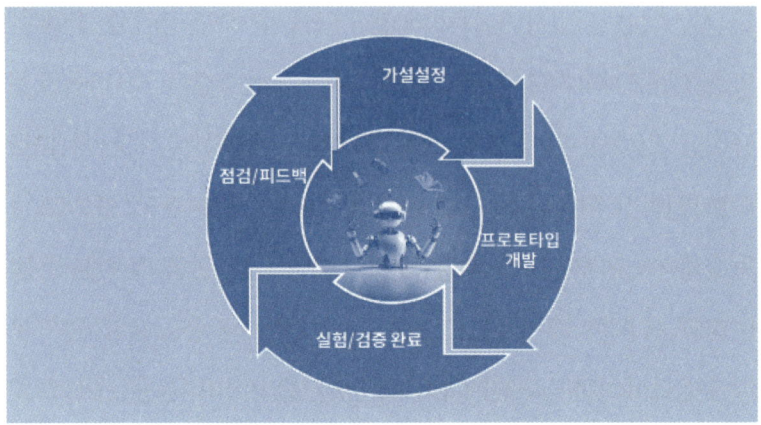

Experiment 단계에서 리더의 역할과 필요 역량

이 단계에서 리더의 역할은 단순한 의사결정자를 넘어, 촉진자이자 후원자의 역할을 해야 하고, 특히 변화관리자의 역할을 놓쳐서는 안 된다. 어찌 보면 이 단계의 성공을 통해 조직에 성과로 증명하고 Best Practice로 공유되도록 하는 것이 리더의 미션이기도 하다.

첫째, 우리가 왜 이런 실험과 적용을 해야 하고 얻고자 하는 명확한 목표를 설정하고 공유시켜야 한다. 즉, 실험의 목적이 무엇이며, 조직의 어떤 전략적 목표와 연결되는지 명확히 제시해야 한다. 위에서 하라고 하니까 한다든지 우리 팀에 부여된 목표 건수라서 하는 것이 아니라 이 실험을 통해 팀의 업무 생산성 개선이나 사업과제 해결과 연관시켜 설명하는 것이 필요하다. 리더는 AI를 활용하여 호기심, 창조성 및 비판적 사고를 촉진하는 역할도 함께 해야 한다.

둘째는 심리적 안전감을 보장하고 실패를 용인하는 문화 조성에 힘써야 한다. 구성원들이 실패를 두려워하지 않고 새로운 아이디어를 제안하고 실험할 수 있도록 안전한 환경을 만들어주고 '실패는 학습의 기회'라는 인식을 심어주는 것이 중요하다. 몇 번의 말로 이런 문화가 조성되지는 않는다. 지속적이고 일관된 리더십을 보여줘야 한다. 앞서 언급한 대로 이 과정에서 '리더의 리더'들의 스폰서십도 요청해야 한다. '리더의 리더'에 대한 스폰서십 확보도 리더의 필요 역량이다.

셋째는 리소스를 배분하고 우선순위를 조정해 주는 것이다. 현실에서 부딪치는 것은 제한된 자원(시간, 예산, 인력)이고, 이 자원을 가지고 어떤 실험에 우선순위를 두고 투자할지 현명하게 결정할 수밖에 없다. 통상적으로 회자되다시피, 너무 빠르게 AI를 도입하면 데이터 보안, 프라이버시, 윤리적 문제 등이 발생할 수 있으며, 너무 느리면 경쟁에서 뒤처질 수 있음을 염두에 두면서 균형을 잡으려는 노력도 함께 해나가야 한다.

넷째는 학습 및 공유 문화 촉진이다. 이 역할은 뒷부분에 배움과 나눔의 리더십 적용에 자세히 설명해 놓았다. 실험의 결과(성공과 실패 모두)를 조직 전체가 공유하고 학습할 수 있는 메커니즘을 구축해야 하고 이를 통해 지식과 경험이 축적되고, 다음 실험의 밑거름이 되도록 해야 한다.

마지막으로는 실질적으로 발생할 수 있는 장애요인 중의 하나인 이 문제해결에 힘을 모아야 한다. 리더 혼자의 힘으로 해결 가능하지 않은 영역이므로 조직 전체가 해결에 집중하도록 설득해 나가야 한다. 바로 기술 통합 및 인프라 지원역할이다. AI 실험이 원활하게 이루어질 수 있도록 필요한 기술 인프라(클라우드 환경, 데이터 플랫폼 등)를 지원하고, 기존 시스템과의 통합 방안을 모색해야 한다. 시스템의 충돌로 실험이 실패하거나 성과로 연결되지 않는 것이 원인 중 하나이기 때문이다.

이런 역할을 하기 위해 필요한 리더의 역량은 축약하면 3가지라고 생각한다. AI 기술이 비즈니스 목표 달성에 어떻게 기여할 수 있는지 큰 그림을 그리는 능력인 '전략적 AI비전 수립 역량', 기술적 이해와 통찰력으로 AI기술의 잠재력과 한계를 이해하여 현실적인 기대치를 설정하고, 기술적 제안을 평가할 수 있는 능력, 그리고 전문가 수준의 지식보다는 '대화 가능한 수준'의 이해면 된다고 생각한다. AI 도입으로 인한 조직 내 변화에 대해 구성원들의 저항을 관리하고, 변화를 긍정적으로 이끄는 능력인 변화 관리 리더십이다.

물론 이외에도 필요한 역량이 나와 있지만 지금 단계에서의 우선순위는 3가지라고 생각한다. 리더는 이런 감을 가지고 지금 조직이 가고 있는 Experiment 단계를 관리하고 운영하고 리딩하고 있다면 AI 리더십을 발휘하고 있는 것이다.

Impact (영향) : 성공 사례의 효과를 조직 전반에 확산시키기

확장과 통합

실험 단계에서 성공적으로 검증된 AI 솔루션을 조직 전체에 확대 적용하여 실질적인 비즈니스 가치와 영향을 창출하는 단계라고 할 수 있다. 구체적으로는 실험과 검증을 했던 솔루션을 확장하고 통합하는 단계를 거쳐야 한다. 소규모로 검증된 AI 솔루션을 조직의 기존 시스템과 통합하고, 더 많은 사용자가 이용할 수 있도록 확장한다. 이 과정에서 기술적 안정성, 확장성, 보안 등을 고려해야 한다.

다음으로 AI솔루션의 성능을 모니터링하고 관리해야 한다. 배포된 AI 모델이 시간이 지나도 안정적으로 작동하는지 지속적으로 모니터링하고, 성능이 저하되면 재학습(retraining)하거나 업데이트한다. AI솔루션의 성과를 측정하고 가치를 증명하는 과정을 거쳐야 한다. AI 솔루션이 실제로 조직의 목표(예: 비용 절감, 수익 증대, 고객 만족도 향상)에 얼마나 기여했는지 측정 가능한 지표를 통해 증명케 하고, 투자 대비 효과(ROI)를 명확히 보여주며, 추가 투자를 정당화할 수 있는지 확인해야 한다. 지속적으로 조직 문화를 변화, 관리해야 한다.

AI 솔루션 도입이 성공적으로 자리 잡기 위해서는 조직원들이 AI를 업무에 활용하는 것에 익숙해지고, 데이터 기반 의사결정 문화가 형성되어야 한다. 교육 및 변화 관리 프로그램을 통해 이를 체계적으로 지원할 수 있어야 한다.

글로벌 기업 사례

이 단계를 이해하기 위해 참고할 라코스테(Lacoste) 사례가 있다. 라코스테는 온라인 쇼핑몰에서 고객의 검색 경험을 개선하고 매출을 증대시키고자 했다. 라코스테는 AI 기반의 검색 시스템을 도입하여 고객이 원하는 제품을 더 정확하고 빠르게 찾을 수 있도록 했고, 그 결과, 검색을 통한 매출이 150% 증가하고, 고객의 이탈률은 88% 감소하는 등 명확한 비즈니스 성과를 창출했다. 이러한 사례들은 기업이 AI를 단순히 기술적으로 도입하는 것을 넘어, 비즈니스 목표에 맞춰 체계적인 단계를 밟아나가야 성공적인 혁신을 이끌어 낼 수 있음을 보여준다.

《월스트리트 저널》의 2025년 4월의 기사에는 〈존슨앤존슨(J&J)의 'AI전략 전환'〉이라는 내용이 다루어졌다. 비즈니스에 AI 적용을 선도했던 기업 중의 하나로 알려진 이 회사의 기사 내용은 성과확산이라는 Impact 단계에 시사하는 바가 크다고 볼 수 있다. 중심 내용은 "회사는 가장 높은 가치의 생성형AI사용 사례에만 집중하고 중복되거나 기대에 미치지 못하는 시험 적용은 중단하는 방향으로 전략을 전환하고 있다"는 것이다.

회사의 CIO인 스완슨에 따르면 J&J은 생성형AI 전략에만 집중하기로 했다고 한다. 중복되거나 효과가 없는 프로젝트, 생성형AI 외의 기술이 더 잘 작동되는 프로젝트를 축소하는 동시에 가장 가치 있는 생성형AI 활용사례에만 자원을 집중하겠다고 밝히고 있다. 1년 동안 실험과 적용을 통해 학습한 끝에 내린 결론이다. 천 개의 꽃(thousand flowers)에서 생성형AI에만 집중하기로 했고, 여기서 천 개의 꽃 접근법은 회사 전체에서 시작하고 있는 아이디어를 다 포함한다는 전략이었다.

스완슨에 따르면, 직원들이 한때는 900개 이상의 개별활용 사례를 추진해 왔지만, 그중에 상당수가 중복되거나 아예 효과가 없음을 확인했다고 한다. 회사가 생성형AI, 데이터사이언스, 지능형자동화를 포함해서 가치평가를 실행한 결과, 진행 중인 활용사례의 10~15%만이 약 80%의 가치 창출을 하는 것으로 평가결과가 나왔다고 한다. 현재 회사는 약물발견 및 공급망을 중심으로 고부가가치의 생성형AI 사례를 심층적으로 조사하고 있고, 회사정책에 대한 질문에 답하는 내부 챗봇을 개발하는 등, 우선순위를 정하고 규모를 확정하며 가장 합리적인 것들을 살펴보고 있다고 한다.

이는 Impact 단계에서 직면하는 당연한 이슈라고 생각한다. 2022년 ChatGPT가 출시된 이후 기업들이 이것을 어디에 적용해야 할지 고민했고, J&J를 포함한 다수의 기업들이 실험을 장려하고 그를 통해 직원들이 기술을 배우며 테스트단계를 거쳐 전사에 도입하기 위한 전략을 수립하고 추진해 왔다. 그러나 어떤 경우는 너무 많은 실험이 실제 비즈니스에 가치를 주었는지, 성과로 증명되었는지에 의문이 생기면서, Impact 단계에서 새로운 전략으로 전환하려는 움직임이 관찰되고 있는 것이다.

J&J은 조직구조의 변화도 시도했다. 중앙에 위치한 AI아이디어 검토중앙위원회를 영업, 구매, 연구개발부서로 업무를 이관하여 해당 부서들이 해당 분야에서 AI가 실제로 작동되고 가치 창출을 하고 있는지 직접 평가하게 하였더니, 부서 단위의 위원회

가 중복되는 사용사례를 중단하거나 통합시켜 성과가 날 가능성이 높은 사례에 자원을 집중할 수 있게 되었다고 한다.

현장의 사례로 Red Copilot이 있다. 영업담당자가 의료전문가와 새로운 치료법에 대해 소통하는 방법을 지도하는 것이다. 회사는 종양학 및 기타 분야의 새로운 치료법을 개발하는 혁신 의학 사업 부문에서 이 프로그램을 시범운영하고 있다. 또한 생성형AI가 회사정책과 혜택에 대한 정보를 수집하는 내부 챗봇에 사용되어 직원들이 서비스팀과 매년 나누는 1000만 건의 상호작용을 줄이는 데 큰 도움이 되고 있다는 긍정적인 사례도 있다. 예컨대, 신약 개발 분야에서는 생성형AI가 연구자들이 액체를 고체로 변환하기 위해서 용매를 첨가할 최적의 시점을 찾는데 도움이 될 수 있는지 연구하고 있다고 한다.

이처럼 J&J은 진행 상황을 3가지 측면에서 관리하고 있다.

첫째, AI 사용 사례를 성공적으로 배포하고 구현하는 능력이 있는지, 둘째, 사용사례가 얼마나 광범위하게 도입되었는지, 셋째, 사용사례가 얼마나 비즈니스 성과에 기여했는지로 성과관리를 하고 있다.

스완슨(CIO)은 이 기술의 장점을 파악하기 위해서는 광범위한 실험과 적용단계가 필요하다고 강조한다. 그러나 이 기술이 어디에 유용하고 어디에 유용하지 않은지를 되짚어 보는 반복적인 접근 방식은 꼭 필요하다. 경험상 AI 사용 사례들이 여전히 실질적인 내용보다는 과장 된 홍보가 더 많다는 것이다.[2]

이 3단계 모델은 AI 혁신을 무작정 시작하는 것이 아니라, 전략적이고 체계적인 접근을 통해 실패의 위험을 줄이고 성공 가능성을 높이는 프레임워크를 제공한다. 그리고 각 단계를 유기적으로 연결하고 반복함으로써 지속적인 AI 혁신을 이루어낼 수 있다.

---

2. 월스트리트 저널, 존슨앤존슨(J&J)의 "AI전략전환", 2025.4.18

AI혁신 3단계에 대한 리더의 관점

모든 기업의 상황은 다르다

단계별로 제시된 글로벌 기업의 사례를 참고하면서 조심스럽게 해석해야 할 것은, 그들의 위치와 상황이 우리가 처해 있는 위치와 상황과는 다르다는 것이다. J&J이 과감하게 탐색 단계부터 직원의 반 이상에게 AI역량 향상 교육을 실시하고 여러 경로로 전문분야 교육까지 실시한 것, Merck가 바로 GPTeal이라는 AI 플랫폼을 만들어 직원 전체가 접속하고 활용하게 하는 전략 등은 그대로 따라 하기 힘들 수 있다. 따라서 자기회사의 상황과 여건에 맞추어 참고하고 단계별 리더십 행동을 해야 한다.

리더십 행동은 다음 장에서 구체적으로 설명하겠지만, 자원의 문제가 있다면 선택과 집중으로 탐색단계에서 AI와 직접적으로 관련이 있고 비즈니스 성과에도 영향을 미치는 핵심인력부터 먼저 교육시켜야 한다. 그리고 기대결과가 구체적으로 도출될 가능성이 큰 사례부터 AI를 적용하고 실험하도록 하는 의사결정이 필요하다. 처음부터 모든 결정이 성공할 수 없음을 감안하되, 만약 실패의 경우에도 실패로부터 교훈을 얻게 하고 신속하게 조직에 공유하는 임원으로서의 유연함이 필요하다.

AI에 있어서 한국기업은 Fast Follower 전략을 선택하는 것이 현시점에서는 효과적이라 생각한다. Fast Follower 전략은 시장선도기업이 내놓은 제품과 서비스를 빠르게 따라잡고 개선해 경쟁우위를 확보하는 전략으로, 한국기업이 글로벌 시장에서 어느 정도의 위치를 확보하는 데 효과적이었다. 물론 시장선도기업이 장악하고 있는 기존 시장의 진입과 시장표준 등의 압박은 극복해야 할 이슈이지만, 불확실성이 아직 가시지 않고 있는 AI 시대에도 고려해 볼만한 전략적 접근이라고 생각한다.

리더들에게 필요한 것은 지금의 돌아가는 상황과 맥락을 어떻게 해석하느냐이며, 이를 뒷받침해주는 나름의 관점과 프레임을 고민해야 한다. 글로벌 기업의 사례를 벤치마킹하여 시행착오를 최대한 줄이고 성공확률을 높이는 데 집중해야 한다. 그럼에도 신중하게 받아들여야 할 사례가 있다.

Impact사례로 소개한 'J&J의 AI전략전환 사례'이다. 성과평가와 사업에 미치는 기여도를 가지고 자원 배분을 다시 한다는 것이다. 엄격하게 평가하고 과정과 결과를 추적하고 사후관리한다는 내용이었다. 지극히 전략적인 결정이라고 생각하지만, J&J과 우리의 사이에는 갭이 크다. 그들은 이미 3년 전부터 AI를 통한 혁신을 시도해 왔고 이미 900개의 사용사례를 관리해 온 경험을 통해 그런 결론에 도달한 것이다. 충분히 시행착오를 겪어 왔다는 것이고 사용 사례들을 분류하고 구분해 낼 수 있다는 의미이다. 그만큼의 대가를 지불했고 조직역량을 구비할 수 있었다는 메시지이기도 하다. J&J라는 회사의 규모는 실험과 적용에 필요한 예산을 충분히 확보하고 집행할 수 있는 조직이라는 것이다. 우리는 어떠한지 객관적으로 돌아보아야 한다.

현재와 미래를 동시에 보면서 예산 확보와 집행 우선순위를 결정할 수 있어야 한다. 계산적으로 글로벌 기업이 AI 적용과 실험에 얼마의 예산을 사용하고 있으니 우리 기업과 조직은 최소 몇 %는 사용해야 글로벌 기업들과 AI 경쟁에서 뒤처지지 않는다는 논리는 한 번 더 심사숙고해야 한다. 지금 탐색 단계와 실험 단계의 중간에 위치하고 있다고 판단되는 한국 기업이 엄격한 기준으로 실험과 적용단계를 J&J처럼 한다면 AI 혁신은 아마도 꽃 피우기 전에 중지되거나 더 이상 진척이 없을 가능성이 매우 크기 때문이다.

내가 경험한 사례도 있다. 디지털 혁신이 한참 나오기 시작할 때, 기술혁신과 비즈니스 모델에 기반한 신사업 아이디어 공모대회를 전사적으로 진행을 했었다. 아마도 3년 차까지는 조금 더 관대한 기준과 평가로 누구나 자유롭게 참가를 유도하는 것이 필요하다는 전략이 공유되고 첫해가 진행되었다. 많은 참가팀이 참여했고 심사과정도 무난히 지나갔다.

문제는 2년 차에 발생했다. 수상팀의 사업제안에 대한 깊이와 질에 대한 review가 사후관리단계에서 진행되면서 사업 아이디어의 수준에 대한 문제 제기가 나오기 시작했고, 사업으로 연결되면 얼마나 성과가 나오는 것인가의 질문이 쏟아지기 시작했다. 시장 규모와 매출 규모, 실제로 적용될 수 있는 사업 아이디어인가 등이 주요 이슈였다.

당연하지만 대회의 지속성과 활성화를 위해 어느 정도 인내하기로 한 아젠다였다. 사업아이디어가 2년 만에 대박 날 히트작이 나올 것을 기대하는 게 이해는 되지만, 과정 관리라는 측면에서는 아쉬움이 남는다. 결국, 심사과정에서의 챌린지가 불붙었고, 심사기준에 통과되는 참가팀의 수는 급격히 줄었으며, 다음 해에 참가팀의 수도 많이 축소되어 버리는 결과를 보게 되었다. 이외에도 여러 가지 원인이 복합적으로 존재했지만, 우선적으로

처음 시도되는 변화와 혁신과정이 성공하기 위해서는 변화 관리
라는 관점을 먼저 갖는 것이 리더들에게는 필요함을 말하고 싶
다.

반드시 거버넌스 문제를 먼저 결정해라

리더들이 주의해야 할 것이 또 있다. AI 혁신을 추진할 조직
을 중앙집권으로 할 것인가, 지방분권으로 할 것인가를 정해야
하는 것이다. 즉, 거버넌스 문제를 결정하고 실행해야 한다. J&J
의 사례를 보니 AI를 위한 중앙위원회를 분권화시켜 해당 부서
로 이관하니까 더 효과가 있었다고 해석해야 되는 것 아니냐고
주장해서는 곤란하다. 추진단계와 함께 살펴보아야 한다. 이 회
사는 3년 정도의 시간이 흘렀고 이젠 중앙에서 통제하지 않아도
자체적으로 심사평가 할 수 있는 역량을 갖추게 된 해당 부서에
게 권한 위임을 한 것이라고 해석해야 한다. 탐색단계에서 실험
단계로 이동하려 하는 한국기업이 J&J의 시행착오를 그대로 따
르지 않고 조금 더 빠른 지름길로 가야 한다는 의욕이 앞서 중
앙집권방식을 거치지 않고 바로 해당 부서들에게 권한을 위임하
는 거버넌스를 시작한다면 아마도 더 혼란스럽고 "어떡하라는
말이냐"의 아우성이 터져 나올 것이 예상된다.

초기 단계에서는 중앙위원회 형태로 출범시켜 AI 적용 사례의 기준을 명확히 주고 필요예산도 심사하여 결정해주며 평가 기준과 적용 프로세스도 매뉴얼 수준으로 교육과 함께 제공하는 중앙통제 방식을 선택하는 것이 혼란과 자원 낭비를 최소화하는 변화관리의 방법이다.

모니터링을 체계적으로 진행하면서 장애 요인이 발견되면 중앙위원회에서 바로 방문하여 도움과 지원을 적극적으로 하는 일련의 과정들이 지속적으로 진행되도록 해야 한다. 사안에 따라 해당 부서나 조직이 독립적으로 실험과 적용이 필요하다는 의견과 검증 결과가 뒷받침될 때 점진적으로 부서나 팀에 자율성을 부여해주는 것이 효과적이고 전략적인 리더십의 발휘라고 평가할 수 있다. 비록 J&J의 시행착오로부터 배운 것은 분명한 평가 기준의 적용과 모니터링이지만, 조금 더 유연하게 AI 혁신 3단계를 진행해야 한다. 이것이 리더로서 3단계를 해석하고 전략을 수립할 때의 관점이어야 한다.

AI시대에도 리더의 핵심자질은 변하지 않는다

이 시점에서 리더가 AI시대에 휘둘리지 않으려면 리더십의 본질에 집중해야 한다는 기사 내용이 있어 소개하고자 한다. 사실

AI라는 요인을 제거하고 보면 본질은 리더십과 변화관리를 어떻게 잘 해내는가가 남게 된다. 그런 의미로 다음의 기사에 100% 동의한다. 동아일보에 《동아비즈니스리뷰(DBR)》의 인터뷰 기사를 요약하여 게재한 내용이다. 제목은 "인공지능(AI)에 집착하지 말아라. 리더십의 본질은 변하지 않는다."이고, 리더십 분야의 최고 구루이자 세계적인 경영 사상가로 꼽히는 맨프레드 케츠 드 브리스 프랑스 인시아드(INSEAD) 경영대학원 석좌교수가 'AI 시대의 리더십'이 무엇이고, 특별한 점은 무엇인지 캐묻는 기자에게 답한 내용이다.

그는 "사람들은 늘 요즘 시대에 리더십이 어떻게 달라져야 하는지, 새로운 세대에 어떻게 적응해야 하는지 묻는다"라면서 "2년 전에도, 30년 전에도, 50년 전에도 똑같은 질문을 받았지만 내 대답은 변한 적이 없다"라고 말했다. 그는 AI와 직원들의 협업을 이끄는 법, AI 시대의 인재를 관리하는 법, AI로 인한 윤리적 책임을 다하는 법 등이 따로 있는 게 아니라, 시대를 불문하고 리더의 핵심 자질인 '자기 성찰'과 '공감'을 내재화하고 실천하는 게 더 중요하다고 강조했다. "AI로 인한 변화의 속도가 너무 빠르다 보니 리더들도 두려워하고 있는 것 같다."라는 질문에 "리더들은 AI가 있든 없든 원래 항상 불안에 떨었다. '내가 올바른 결정을 내리고 있는 걸까', '지금 이걸 하고 있는 게 맞냐'라고 질문했다. 외부 환경은 늘 불확실하다. 나는 실제 AI로 인해 일어나는 일이 많은 게 아니라 사람들이 AI로 인해 일어날 일들에 대해 떠드느라 일이 많아졌다고 생각한다. 일부 교수, 컨설턴트, 코치들이 경영진의 불안을 조장하는 이유는 그래야 자신들이 고용될 것을 알기 때문이다. AI는 비서의 역할을 대신하고 인건비도 절감해 주는 좋은 도구다. 삶을 단순화해 줄 것이다. 단지 미지의 영역이라고 해서, 혹은 내가 구식이 될지도 모른다고 해서 막연한 두려움을 느낄 필요는 없다."라고 답했다.

"조직들이 AI에 과민 반응하고 있다는 뜻인가?"라는 질문에는 "과도한 두려움을 가지는 것은 사실이다. 조직에 두려움이 팽배하면 소수의 신권위주의적(Neo-Authoritarian) 리더들이 득세해 팀플레이가 저해될 수 있다. 이런 리더들은 카리스마 이면에 자기애와 사이코패스적 특성이 숨겨져 있고, 공감 능력과 도덕성이 결여돼 직원들에게 심각한 고통을 가할 위험이 있다. AI시대라고 하지만 인간은 생각보다 원시적이다. 리더들은 자기 신념을 강화하는 정보를 선호하는 확증편향에 취약하고 자기 능력을 과신하며, 나머지 다수는 '양처럼 행동하는 사람들(Sheeple : 쉽게 설득당하고 온순하며 무리를 좇아가는 사람)'이다. 인간에게는 이끌리고 싶어 하는 욕구도 있기에 선동가형 리더에게 반감을 품으면서도 주도당하고 통제받고자 한다. 카리스마형 리더들은 이렇게 집단의 압력에 쉽게 굴복하는 사람들의 사고방식을 악용하기 때문에 위험하다. 조직에 가장 필요한 건 언제나 다양성이다."

"팀플레이를 강조하는데 기술 발전 속도가 빨라지면 소수의 혁신가가 다수의 공감을 얻기가 점점 어려워지지 않을까?"에 대한 질문에는 "그럼에도 다양성은 중요하고 속도가 느리더라도 팀과 함께 가야 한다. 실리콘밸리의 소수 혁신가가 모든 AI 윤리의 문제를 결정하도록, 소셜미디어를 통제하도록 내버려둬서는 안 된다는 얘기다. 그들은 편집광(paranoid)이다. 원래 편집증은 '왕의 병'이다. 경영자 지위에 오르는 순간 약간의 편집증이 생긴다. 이 편집증이 잘못된 방향으로 갈 때 이를 견제할 독립적인 지배구조가 필요하다. 나는 대중들이 CEO가 누구인지에 대해 잘 모르는 기업이 이상적이라고 생각한다. 그래야 개인이 없어도 팀으로 돌아갈 수 있다."라고 답하였다.[3]

실제 임원W/S에 참가하여 임원들의 솔직한 느낌들을 듣게 되는 기회가 있었다. 동일하게 답을 하는 것을 들었다. 막연한 불안감과 AI라는 파도에 휩쓸려서 중심을 잡지 못하고 있는 자신을 발견했다고 다수의 임원이 토로했다. 그러면서 기본으로 돌아가자는 실행 의지를 다지는 것도 볼 수 있었고 위에 인터뷰 내용처럼 결국 리더십이 중요함을 공감하는 것도 관찰할 수 있었

---

3. 동아일보, [DBR]"AI 시대, 리더십의 본질은 같아… 과민 반응 경계하라", 2024.3.18

다. 다시 강조하지만, 혁신의 3단계도 당연히 인지하고 단계별 행동도 숙지해야 하지만 상황과 맥락을 냉철하게 해석하고 의사결정에 집중하는 것이 리더가 놓치지 말아야 할 핵심이다.

4장

AX 혁신을 위한
리더의 단계별 실행 역할

Big Picture와 Detail
: 4P 진단과 준비하기

조직이 AI 혁신을 시작하기 전에 현재 상태를 진단하는 것은 마치 건강 검진을 받는 것과 같다. 현재의 강점과 약점을 정확히 파악해야만 성공적인 AI 도입과 활용 전략을 수립할 수 있기 때문이다. 진단을 통해 조직의 현 수준을 객관적으로 파악할 수 있고 정확한 전략 수립의 기반을 마련할 수 있다. 구성원들의 AI에 대한 인식 수준이나 기술 숙련도를 진단하는 것과 AI 도입 과정에서 발생할 수 있는 기술적, 문화적, 인력적 격차를 미리 식별하고 대비함으로써 자원 낭비를 줄이고 시행착오를 최소화할 수 있다.

리더는 AI 자체가 중요하기보다는 어떻게 AI를 자신의 비즈니스에 도입하여 성과를 도출하게 할 것인가의 이슈가 제일 중요한 것이다. 제한된 자원을 가장 효과적으로 투자하고 목표하는 결과를 도출해야 하는 것이 항상 고민하고 검토하는 주제이기도 하다. 이를 위해 조직의 현재 준비상태를 진단하는 것은 리더에게도 필요한 절차라고 생각한다. 이 도구를 참고하여 AI 혁신을 시작하면 될 것이다.

진단 도구로 유용한 프레임워크가 있다. 4P라는 도구이다. BTS 컨설팅사가 이를 활용하여 4가지 영역을 체크리스트와 같이 질문을 던짐으로써 현재 자기 회사의 위치와 조직의 준비 정도를 확인할 수 있도록 하였다. 여기서는 이 도구의 사용방법을 소개하고자 한다. 4P에 대한 큰 그림을 이해하기 위해 필요한 도표는 다음과 같다.

AI를 비즈니스에 도입하기 위한 4P

4P에 대한 질문과 답

Problem:
어떻게 AI를 활용하여 수익을 증대하고 비용을 절감할 수 있는가?
- 가장 높은 가치를 낼 수 있는 활용사례(use case)를 식별하고 그에 대한 우선순위를 정한다

Platform:
무엇이 고유의 활용사례해결에 적합한 AI도구인가?
- AI도구의 확보를 자체개발, 구매 또는 임대,파트너링중에서 가장 현명한 안을 선택한다

People:

어떻게 우리팀이 AI를 활용
하도록 영감을 주고 촉진시
킬 것인가?

* 격려하고 지지해주고 교육
으로 지원하며 마인드셋과
필요역량을 갖출 수 있도
록 지속적으로 지원한다

Policies:

비즈니스와 고객데이타를
보호하기 위해 어떤
안전장치와 보호조치를
준비해야 하는가?

* 관련정책을 개발하고
조직구성원들과 소통하며
정책을 일관되게 운영한다

각 4P별로 대표 질문이 있고 이를 다시 세부 질문으로 나누어 답하게 하면서 현 상태를 진단하게 한다. 답이라고 제시된 것은 리더가 놓치지 말아야 할 큰 방향을 제시해 주고 있는 것이다.

4P 영역별로 확인하고 체크리스트로 준비해야 할 내용은 다음과 같다.

Problem : AI 기회를 정의하고 우선순위 설정하기

AI를 통해 수익을 증대하고 비용을 절감할 수 있는 비즈니스 과제를 검토하고 활용 사례의 우선순위가 설정되었는지를 체크해 보는 단계이자 체크리스트라고 이해하면 된다. 리더는 이 질문들을 답하면서 보완되어야 할 사안을 수립하고 경우에 따라 조직구성원들과 함께 미팅이나 W/S으로 질문들을 함께 논의하고 답하는 과정으로 사용하면 효과적이다.

1. AI로 해결하려는 핵심 비즈니스 문제와 그 중요성이 구체적으로 기술되어 있고 조직 내에 공유되어 있습니까?

2. 핵심 비즈니스 문제가 취합되어 있고 우선순위가 정해졌습니까?

3. 해당 문제 해결을 통해 달성하고자 하는 구체적 성과(KPI, 매출 성장률, 비용 절감, 리스크 완화 등)와 달성 시점을 설정했습니까?

4. AI가 문제를 해결할 접근 방식·솔루션 개념이 구체적으로 설계되어 있습니까?

5. 이 AI 이니셔티브의 성과 측정 방법과 평가 기준이 합의되어 있습니까?

6. 전사 확산 전에 가설, 일정, 성공 판단 기준이 포함된 소규모 파일럿 계획이 마련되어 있습니까?

Platform : 적합한 기술 및 실행 방식 선택하기

1. AI 솔루션 실행에 필요한 데이터 확보 여부 및 입수방법을 확인했습니까? (현재 보유하고 있는 데이터를 확인하고 사용 여부도 함께 평가)

2. 해당 솔루션을 구현하기 위해 필요한 데이터 저장 위치, 시스템 연동, 인프라·보안 요구사항을 파악하고 있습니까?

3. AI 솔루션 구현을 위한 추가적인 역량(데이터/플랫폼/기술)에 대한 Build / Buy / Borrow 전략을 선택했고, 그 이유와 기대 효과가 명확히 합의되어 있습니까?

4. AI 기술 및 파트너에 대해 보안, 계약 조건, IP, 라이선스, 데이터 처리 규약 등을 포함한 공급망 실사를 완료했습니까?

5. AI 시스템 실행 이후 확장성, 유지보수, 성능 모니터링, 비용 관리를 포함한 운영 계획이 준비되어 있습니까?

People : 리더, 팀, 조직문화 준비하기

1. AI 이니셔티브 실행을 위한 실행팀은 구성되었고 팀원 각자의 역할·책임이 명확히 정의되어 있습니까?

2. 실행팀과 현업활용팀 간 협업 체계와 의사결정 방식이 마련되어 있습니까?

3. 해당 AI 솔루션을 활용하기 위해 필요한 핵심 역량이 정의되어 있고, 이를 개발하기 위한 계획이 있습니까?

4. AI가 의사결정과 업무방식에 변화를 줄 때 조직문화에 미칠 영향을 파악하고, 이를 관리할 방법이 있습니까?

5. AI 도입 과정에서 구성원 참여 확보, 그리고 저항 관리· 지속적 피드백 체계(AI 챔피언, 현업 참여 그룹, 교육 후 피드백 등)가 마련되어 있습니까?

Policy : AI를 책임감 있게 운영하고 확장하기

1. 현재 및 가까운 미래에 적용될 AI 관련 법률·규제를 파악하고 있으며, 준비 계획이 있습니까?

2. AI 솔루션 출시 전후에 적용할 활용 지침·제약 조건·검증 절차가 마련되어 있습니까?

3. 해당 AI 솔루션의 데이터 정책이 조직의 보안·프라이버시 정책과 일관되게 운영되고 있습니까?

4. AI 리스크(알고리즘 편향, 불투명성, 법적 책임 등)를 관리할 거버넌스 구조와 책임 체계가 수립되어 있습니까?

5. AI 솔루션의 Lifecycle 관점에서 보안·품질 관리, 정책 검토·갱신 주기가 명확히 정의되어 있습니까?

4가지 영역의 질문들을 답해보면서 현재 자신이 담당하고 있는 조직의 현상과 현재 위치를 확인할 수 있고, 어느 영역이 상대적으로 취약하고 우선적인 조치를 해야 AX가 성과를 달성할 수 있을지를 깊이 있게 검토할 수 있게 된다. 또한 세부적인 항목들도 재확인 할 수 있다. 예를 들어 아직 거버넌스의 문제를 가볍게 생각했다면 이 부분을 보완하는 조치를 취해야 한다.

어느 대기업의 AI 관련 임원 대상의 교육에서 설문과 인터뷰를 한 결과를 본 적이 있다. 그중의 하나로, AX를 추진하고자할 때 무엇이 장애 요인으로 작용하는지를 묻는 질문에 응답자들이 응답한 결과가 흥미롭다. 가장 많은 답변이 내부 역량 부족이었다. AI를 사용하고 적용하는 조직 내부의 전문인력이 부족하다 보니 AX 추진이 계획대로 진행되지 않는다는 것이다. AI 추진 조직을 구성할 만큼의 AI 역량을 갖춘 전문인력도 부족하다는 고민을 털어놓고 있었다.

그다음으로 많은 답변이 인프라구축이 미흡하다는 것이다. 4P의 Platform 영역에 해당되는 것이다. 아마도 자원의 이슈가 문제가 될 것이고 어느 솔루션을 선택할 것인지의 의사 결정 이슈까지 함께 존재할 것으로 판단된다. 예산 이슈와 인적자원 확보의 문제가 함께 풀어야 할 숙제로 나타나고 있다.

그다음은 전략의 부재를 지적하고 있다. AI의 도입과 활용도 결국 전략적 의사결정이자 변화관리인데 비즈니스 모델을 재검토하고 그에 따른 AI 적용 기준 등을 명확히 하지 못하고 있거나 전 조직에 공감대 형성이 아직 안 되어 있다는 의미로 해석할 수 있다.

마지막으로는 리더십 부족으로 나타났다. 이 답변에 대해서는 왜 리더십이 가장 마지막 순위에 뽑혔는지 생각해 봐야 한다. 4P로 말하면 직접적으로는 People에 해당하지만, 리더의 의사결정과 선택은 모든 영역에 해당된다. AI 도입 결정도 리더가 한다. Platform을 선정하고 필요 솔루션을 자체개발할지 구매할 것인지 임대할 것인지도 사실 리더의 의사 결정이다. 어디까지 AI를 허용할 것인지도, 즉 보안정책의 범위도 리더가 결정하는 것이다. 역량개발과 인력 확보, 예산 편성과 투입도 리더가 결정해야 한다.

다음 장부터는 조금 더 구체적으로 리더들이 해야 할 AX를 위한 리더십 행동들을 설명하려고 한다.

AI 학습과 활용범위는 어디까지이며 어떻게 공감대를 형성할 것인가?

선택과 집중

4P를 진단하고 AI 도입과 적용을 시작하기 위해서는 AI 관련 학습을 조직 차원에 시작해야 한다. 물론 전사 차원에서는 역량개발 체계를 수립하고 체계적인 교육을 운영해야 한다. HRD가 주도하에 진행되는 것이 효과적이다. 역량개발체계를 수립하기 전에 작업되어야 할 것은 AI 관련 필요 역량을 규정하고, 역량 road map도 수립되어야 한다. 이 부분은 전사 차원의 HRD가 해야 할 일이기도 하지만, 리더로서 관심을 가지고 교육에 참여하도록 지원해 주는 것이 꼭 필요하다. 4P의 Problem 단계에서 AI 적용 과제들을 정하고 구체화시키는 과

정에서 어느 영역은 AI를 사용하고 어느 영역은 제외하는지에 대한 활용범위도 초기에 설정하는 것이 중요하다. 선택과 집중이라는 전략적 결정 차원에서도 필요하다. 그러나 최근 들어 업그레이드되고 있는 생성형AI가 개발되고 보급되면서 AI 적용 기준과 구분에 대한 중요성이 조금씩 약화되는 추세라고 들었다.

너무 빠르게 발전하는 생성형AI의 발전 속도로 인해 AI가 할 수 있는 것과 없는 것의 구분에 조금 더 신중하게 접근해야 한다는 의견이 점점 다수가 되고 있다. AI를 사용하는 사람이 누구냐, 즉 어느 수준의 창의성과 전문역량을 보유하고 있느냐가 오히려 AI 활용의 성과와 기대결과에 영향을 미친다는 것이다. 그럼에도 일반적인 활용범위의 기준을 설정하고 진행하는 것이 효과적이라고 생각된다. 탐색 단계에 언급한 구체적이고 상세한 내용을 참고하면 된다. 간단하게 요약하면, 일반적인 구분의 기준은 AI는 본질적으로 데이터를 기반으로 패턴을 학습하고 예측을 수행하는 데 매우 뛰어나고, 다음과 같은 업무에 활용하면 효과적이다. 반복적이고 규칙적인 작업인 대량의 데이터 입력, 보고서 작성, 이메일 분류와 같이 정해진 규칙에 따라 반복되는 작업은 AI가 사람보다 훨씬 빠르고 정확하게 처리할 수 있다.

반면에 AI가 어려워하는 것(사람이 더 잘하는 것)은 창의성, 공감 능력, 복잡한 윤리적 판단과 같이 인간 고유의 능력이 필요한 영역이며, 이 분야에서는 아직 한계를 보인다고 한다.

복잡한 윤리적 판단과 감정적 공감 등과 같이 사람의 감정을 이해하고 공감하는 능력, 그리고 옳고 그름에 대한 윤리적 판단은 AI가 대체할 수 없는 영역이다.

병행하여 리더십을 발휘해야 하는 영역은 조직 차원의 공감대를 형성하여 적극적인 참여를 이끌어내는 것이 중요하다. 리더와 구성원 양쪽 다 AI가 일으키고 있는 변화의 압박은 동일하게 받고 있다. 어찌하든 구성원들은 AI를 업무에 활용해야 하고 리더 입장에서는 AI를 활용한 성과 도출이라는 숙제를 해결해야 하기 때문이다. 이 수준에 머물기보다는 보다 적극적이고 주도적으로 조직을 움직이게 하려면 공감대 형성과 함께 변화관리를 위한 영향 요소들을 자극하고 만족시켜야 한다.

공감대 형성

공감대 형성은 변화관리 과정에서 매우 중요하다. 이 과정이 생략되면서 조직구성원들의 저항을 불러일으키는 계기가 된다. 다음 도표(D × V × F > R)가 변화로 인한 저항을 최소화시키기 위해 취해야 할 리더십 행동에 참고가 될 수 있다. D는 구성원들이 가지고 있는 현재 상태에 대한 불만족과 문제의식이다. 이 문제의식은 그냥 가지지 말라고 설득한다고 하여 해결되는 것이 아니다. 불만 사항을 해결하려 시도하고 문제의식을 긍정적인 에너지로 바꾸려면 현재에 안주하지 않고 더 나은 미래를 보여주고 지속적으로 소통하고 구체화시키는 시도가 필요하다. 비전을 재설정하도록 하고 현실 인식 기반을 바탕으로 출발시켜야 한다. 현실적인 가능성이 없는 꿈만 그려준다고 비전이 만들어지는 것은 아니다. V에 해당하는 것이 이것이다.

출처 : Attributed Beckhard Harris and Kathleen Dannemiller

최근 들어 비전 W/S이 그리 활성화되지 않고 있다는 얘기를 전해 들었다. 여러 가지 이유가 있지만, 회사 비전과 개인 비전의 연계가 부족하다 보니 회사 비전은 비전이고 개인 비전은 따로 존재한다는 의견들이 있다. AI시대에는 비전 설정이 더욱 중요하다. AI로 인해 조직 운영 형태가 변할 것이고, 일하는 방식이 상상 이상으로 바뀔 수 있기 때문이다. 현재까지의 조직 핵심 역량도 재정립될 가능성이 높기에 변화가 가져다줄 미래에 대해 예상해보고 그려 보도록 촉진하는 것도 리더의 역할 중에 하나이다.

V에 대한 이해를 바탕으로 F에 대해 이해해야 한다. 무엇이든지 첫걸음은 중요하다. 특히 가야 할 목적지와 목표달성을 위한 첫걸음은 더욱 중요하다. 예를 들어 비전 W/S을 통해 비전수립에 합의를 이루었다면 비전달성의 첫걸음으로 무엇을 할 것인지가 전략적인 선택이 된다. 보통의 경우 혁신과제를 해결하기 위해 프로젝트팀을 구성하고, 첫 번째 미팅을 Kick-off 미팅이라고 명하고 모든 이해 당사자와 스폰서들이 참가하여 출정식과 함께 Team Startup의 절차를 진행하는 것이 중요한 의미가 되는 이유이기도 하다.

AI프로젝트에서의 첫걸음은 더욱 중요할 것이다. 기존의 프로젝트와 접근 방법이나 해결 방식이 차이가 있기 때문이다. 앞서 다뤘던 논리적 프로세스의 방법론으로 접근해야 하기에 사고의 전환이 필요할 것이다. 실패로부터 배운다는 열린 마음을 가지는 리더의 태도와 마인드도 같이 가야 한다. 이 과정들이 합쳐져서 작동되어야 조직 내 공감대 형성이 가능해진다.

이 도표에는 특이한 공식이 숨어있다. 바로 더하기가 아니라 곱하기로 등식을 표현한 것이다. 더하기라면 D, V, F 중에 하나가 마이너스 점수가 나와도 나머지가 플러스 점수가 되면 전체 합이 마이너스 점수가 되지 않는다. 그러나 곱하기 등식은 D, V, F 세가지 항목 중에 하나라도 마이너스가 나오면 나머지 항목이 플러스 점수거나 100점이라 하더라도 합산된 결과는 마이너스가 돼버린다는 것이다. 결과는 당연히 저항점수를 이기지 못하게 된다. 저항을 극복하고 변화의 목표를 달성하려면 리더는 3가지 항목을 다 같이 동시에 관리해야 한다는 의미이다. '나는 비전설정을 분명히 했고 공감대 형성과 합의를 이뤘으니 AI를 통한 변화는 잘 될거야'라는 낙관주의는 실패 가능성을 높일 수 있다는 것이다. 어느 리더는 AI 프로젝트팀도 구성해 주었고 Kick-off 미팅도 잘 준비하고 그 자리에서 스폰서로서 분명한 기대사항을 전달했으니 기다려보면 결과가 잘 나오겠지라는 생각도 리더로서 주의해야 할 사항이다. AX의 진행 과정을 하나의 여정으로 간주하고 과정이 마무리되고 성과로 증명될 때까지 지속적이고 일관되게 D, V, F를 관리하고 모니터링하며, 방향이 잘못되었다고 판단될 때 신속하고 과감하게 방향을 전환하든지, 프로젝트를 중지시키는 의사결정을 할 수 있어야 한다.

AI 활용 프로토타입 개발과
테스트 실험 촉진

프로토타입 개발의 중요성

제너럴 푸드(General Foods)의 회장 클라랜스 프렌시스 (Clarence Francis)가 이런 말을 했다고 한다. 그에 의하면 "조직에서 일어나는 일로 의욕이 넘치는 젊은 임원들이 제시하는 새로운 아이디어들에 대해 경험이 많은 경영자가 보기에는 그 아이디어를 실행한다 해도 실패할 확률이 크다고 판단되지만, 아이디어를 실행하여 실패함으로서 초래될 회사가 감당해야 하는 손실을 최소화하기 위해서는 젊은 임원들에게 아이디어 실행 단계에서 한 번 Pilot test의 기회를 주고 시도해 보도록 설득하는 것이 효과적"이라고 말하고 있다. 또한, 예상과 달리 이러한 아이디어 중에 절반이 성공하거나 성공적인 다른 아이디어로 이어지는 경우가 생긴다고 한다. 이것을 AI로 끌어와서 해석한다면, AI 활용을 위해 프로토타입을 개발하게 하고 테스트를 하는 시도들을 활발히 하게 하는 것이 성공확률을 높이고 사용 사례(use case)를 증가시키는 접근 방법 중 하나라고 생각할 수 있다.

혁신과정에서의 새로운 시도는 필수적으로 거쳐야 할 단계라고 할 수 있다. 새로운 도전 없이 혁신을 기대하고 그에 따른 성과를 도출할 수 없다는 것도 머리로는 다 이해하고 있다. 그럼에도 무작정 시도를 장려하는 것도 그리 전략적이지 않다. 실패 가능성도 염두에 두고 신중하게 다루어야 한다. 신중하게 다루는 것이 지나쳐 새로운 시도를 억누르는 역기능으로 작용되게 하는 것은 막아야 한다. 실패 가능성이 강조되면 새로운 시도는 위축되고 조직은 시간이 흐르면서 안정과 현상 유지가 문화로 자리 잡아 버린다. 줄을 잘 타야 한다는 말이 나오는 것이 이런 분위기로 흐를 때 나오는 말이다. 아무리 CEO가 도전 없이 성공 없고 실패를 두려워 말고 도전하라고 목청을 높여도 실패 사례를 처리하는 모습을 보는 조직구성원이나 리더 그룹은 더욱 신중하게 검토 과정만 반복한다. 그래서 제도나 시스템으로 새로운 시도를 Pilot test 할 수 있도록 뒷받침해 줘야 한다. 프로토타입을 만들고 실험해서 제대로 작동되는지 평가하고 실패한 것은 실패의 교훈으로 조직 내 학습시키고, 성공한 것은 조직에 널리 사용하도록 촉진하는 체계적인 지원이 필요한 것이다.

프로토타입 개발과 테스트 과정[1]

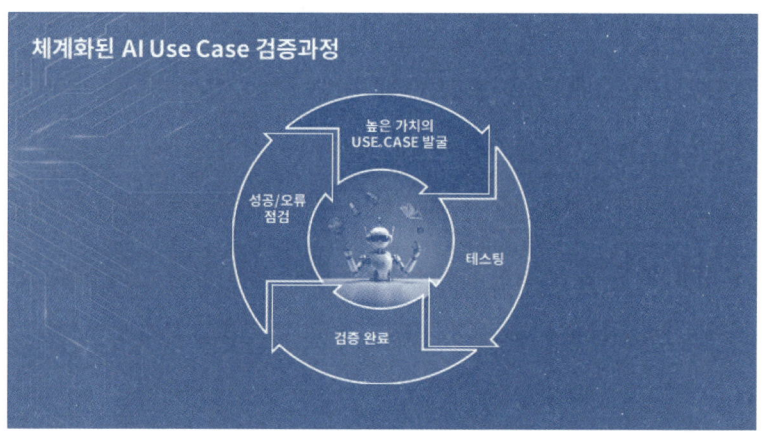

이 단계를 프로토타입 개발과 테스트 촉진이라고 정의하며, 임원과 리더들이 이 과정을 관리하고 조직 내 정착이 가능하도록 리더십을 발휘해야 한다.

1. BTS conference, 'AI in Action, Your strategic Enabler', 2025.6.10

프로토타입 검증과정

위의 도표를 보면 일회성의 활동이 아님을 알 수 있을 것이다. 지속적이고 일관된 선순환의 사이클을 도표에서 설명하고 있다. 프로토타입의 테스팅 결과를 성공 여부도 점검하지만 오류도 평가하고 확인하여 다음 실험과 적용에 반영시키고 높은 가치의 사용사례(Use Case) 발굴에도 참고한다는 것이다. 각 단계별 세부사항은 다음과 같다.

첫 번째, 높은 가치의 Use Case를 발굴해야 한다. 높은 가치를 도출할 가능성이 높은 AI 사용 가능 사례(use case)를 검토하여 우선순위를 매겨야 한다. 이때 사용 가능한 4가지 질문이 있다.

- 고객가치를 높여줄 수 있는 사례인가?
- 수익성은 기대할 수 있는가?
- 성공할 가능성이 높은 사례인가?
- 윤리적인 문제가 없는 Use Case인가?

이에 대해 질문하고 답을 한 결과치를 가지고 높은 가치의 Use Case로 평가하고 결정하면 된다.

두 번째, 가장 우선순위가 높은 Use Case가 결정되면 신속하게 테스트를 실시한다.

세 번째, 테스트 결과를 검증하고 마지막으로 성공과 실패를 판정하며, 성공의 사례는 조직 내 공유시키고 실패의 경우는 실패의 원인을 분석하여 배움이 될 부분을 추출하고 이것이 학습되도록 교육시켜야 한다. 다음 단계로 진행할 Use Case 프로토타입 개발과 검증에 반영시켜야 할 것을 반영시켜 동일한 시행착오가 발생하지 않도록 하는 선순환의 사이클을 만들어 간다. 일회성이 아닌 지속적인 단계가 계속되어 조직의 노하우로 축적되게 촉진시켜야 한다.

리더의 마인드셋

이 과정에 필요한 리더의 마인드셋과 리더십 행동은 BTS컨설팅사가 제시하는 다음의 도표를 참고하면 도움이 될 것이다.

리더의 마인드 셋[2]

From	To	Ai Champion Leadership 행동
계획하고 기다리기 Planning and Waiting	검증하고 학습하기 Testing and Learning	• 나는 모른다는 것을 인정하고 핵심 가정을 신속히 검증함 • 실험과정에서 시간과 비용을 최소화함 • 불확실성을 장애물이 아닌 기회로 받아들임 • 혁신과 협업에 있어 체계적으로 접근하여 과정에서의 배움을 축적함
직감을 신뢰하기 Trusting your Gut	직감을 검증하기 Testing your Gut	• 옳고 그름보다 정확성을 우선시하여 모두가 동일 기준을 적용할 수 있도록 함 • 직감을 실현 가능성과 신뢰도를 기반으로 수치화함 • 새로운 데이터가 확인되면 내가 가진 가정을 지속적으로 수정함 • 이견에 열린 자세를 갖고 건설적인 토론 문화를 장려함
모든 것을 아는 태도 Know it All	모든 것을 배우려는 태도 Learn it All	• 단정적인 답변 대신 질문을 던짐 • 검증을 위한 실험을 수용하고 실패를 학습 기회로 삼음 • 피드백을 구하고 다양한 관점을 존중하며 개방적으로 협업함 • 조직에 함께 탐구하는 학습문화를 조성함
Ai 는 It 부서의 업무 All is It's Job	Ai 는 팀 스포츠 All is Team Sport	• 직무 전문가, 사업부 유관부서, 기술팀 등을 Ai 프로젝트에 함께 참여시킴 • 부서 간 장벽을 허물고 Ai 과제를 공동으로 설계함 • 기술적 성과보다 측정 가능한 비즈니스 성과에 집중함 • 전사적으로 열린 소통을 유지함
과거 기반 사고 Linear Thinking	미래 기반 사고 Future Back Thinking	• 예측되거나 가정된 미래를 넘어 더 넓은 미래의 가능성을 탐구함 • 현재 전략을 수립할 때 미래 변화 가능성을 고려해서 수립함 • 사업적 리스크와 기회에 확률과 사업적 영향도를 부여하여 평가함
결정론적 접근 Deterministic	탐구 중심 접근 Discovery-Driven	• Ai 의 가변성을 결함이 아닌 통찰의 원천으로 활용함 • 명확한 학습 목표를 설정하고 빠른 피드백 루프를 통해 반복적으로 개선함 • 불확실성을 구조화된 탐색과 지속적인 정교화의 기회로 전환함

2. BTS conference, 'AI in Action,Your strategic Enabler', 2025.6.10

이 도표를 통해 알 수 있는 사실은 다음과 같다.

첫째, 리더가 계획하고 기다려주는 것도 신중하고 전략적이라고 평가될 수 있었지만, AI시대에는 검증하고 학습하는 리더십 행동이 더 효과적이라는 것이다. 나는 모른다는 것을 인정하고 핵심가정들을 신속히 검증하라는 것이다. AI를 사용하는 것은 기존에 해본 경험자가 없기 때문에 확실한 결론보다는 가설을 세우고 AI 사용으로 빠르게 검증하는 것이 신속한 의사결정을 가능하게 하는 것이다. 실험 과정에서는 소요되는 시간과 비용을 최소화하는 노력은 당연히 리더로서 관리해야 한다. 기업경영의 속성은 불확실성을 어떻게 극복하느냐가 핵심과제이자 경영성과를 좌우한다고 해도 과언이 아님을 우리는 알고 있다.

AI가 등장하면서 계속 진화해가는 AI로 인해 불확실성은 더욱 증대해 가고 있다. 리더들을 불안으로 몰고 가는 현실이다. 이런 상황에서 불확실성을 장애물로 인식하지 말고 기회로 받아들이는 적극적인 사고의 전환이 필요하다고 강조하고 있다. 처음 직면하는 AI 환경으로 인해 지속적이고 빠르게 접근하고 적용하고 해결해보는 시도들에서 얻어지는 배움이 축적되어야 한다. 학습조직이 병행되어야 성공 가능성을 높일 수 있다고 해석할 수 있다. 리더들이 조직에 강조하고 솔선해야 하는 관점이기도 하다.

둘째, 리더는 직감을 가지고 있어야 한다. 직감을 신뢰하고 경우에 따라 직감을 의사결정에 사용해야 할 때도 있다. 이에 그치는 것이 아니라 직감을 검증하는 노력을 해야 한다. 방법으로는 '옳고 그름'보다 '정확성'을 우선시하며 조직구성원 모두가 동일 기준을 적용할 수 있도록 리딩하고, 직감을 직감으로만 가지고 있지 말고 직감을 실현 가능성과 신뢰도를 기반으로 수치화는 노력도 병행할 필요가 있다. 한편으로는 새로운 데이터가 확인되면 내가 가진 가정을 지속적으로 수정하는 열린 자세를 가져야 한다. 프로토타입 개발과 테스트 과정에서도 가설과 직감이 수정되어야 함이 발견되면 빠르게 수정하고 구성원들과 공유하며 이슈가 생기면 열린 토론을 촉진시키고 건설적인 토론 문화를 장려해야 한다. 이런 행동이 AI 기반의 조직문화를 재창조하는 시작점이 될 수 있기에 리더의 리더십 행동은 무엇보다 중요하다.

셋째, 모든 것을 안다는 태도에서 모든 것을 배우려는 태도로 바꿔 나가야 한다는 것이다. 집필 과정에서 구성원들을 인터뷰할 기회가 있었다. AI 시대 리더십에 대한 질문이었는데, 공통적으로 나온 것이 임원 포함 리더들이 '자기들은 꼭 알아야 한다'라는 압박감이 있고, 모르는 것을 숨기려는 것 같다며 답답함을 호소했다. AI 관련한 학습을 리더들도 같이 하면서 변화과정을 추진하면 훨씬 더 효과적일 것이라는 아쉬움이었다. 배움과 학습은 AI 혁신에 핵심 전략이기도 하다. 리더들은 단정적인 답변 대신 질문을 던지고 검증을 위한 실험을 수용하며 실패를 학습 기회로 삼고 피드백을 구하는 동시에 다양한 관점을 존중하며 개방적으로 협업하게 하는 등 조직이 함께 탐구하는 학습 문화를 조성해야 한다. 처음 등장하기가 무섭게 지속적으로 진화하고 있는 AI를 먼저 입사하여 리더 자리까지 올랐다고 하여 리더들이 어찌 다 알 수 있겠는가? 그런 압박감은 내려놓고 조직이 같이 배움과 학습으로 불확실성을 돌파해 나가도록 이끄는 것이 리더가 해야 할 리더십 행동이라고 생각한다.

이 단계에서는 위의 도표에서 제시한 것들 3가지(집중하고 학습하기, 직감을 검증하기, 모든 것을 배우려는 태도)가 가장 중요하게 적용되어야 할 리더십 행동이라고 할 수 있어서 집중적으로 설명했다.

AI Literacy를 위한
역량개발 시스템 구축

전문 역량의 확보가 중요한 이유

대기업의 임원들에게 4P 관점에서 가장 준비가 안 되어 있는 순서대로 평가를 해보라고 하여 약식의 진단을 한 결과를 볼 기회가 있었다. 약 25명을 대상으로 진행된 결과를 보면, Policy > People > Platform > Problem 순이었다.

이 중 Policy가 가장 준비가 안 되어 있다고 보면 된다. 구체적인 이유로는 회사의 보안규정과의 충돌로 인해 AI 활성화를 추진하는데 장애가 되고 있다는 의미로 해석할 수 있다. 또한, AI 적용 단계에서 발생하는 윤리적인 갈등은 아직 표면화되지 않고 있다고 해석할 수 있는데, 그만큼 제한적으로 AI를 적용하고 있는 단계라고 설명될 수 있다.

두 번째가 People영역인데, 임원들이 판단하기에 회사가 인력 확보 측면에서는 AI 전문 역량을 갖춘 인력들을 충분히 확보하지 못하고 있고 기존 인력 대상으로 조직에서 필요한 만큼의 역량 교육을 실시하고 있지 못하다는 현실이 반영된 평가결과라고 볼 수 있다.

그 다음으로는 인프라 관점에서 AI 솔루션이 업무현장에서 활발하게 적용되고 성공과 실패에 따라 실시간 조직에 피드백될 수 있는 Platform이 제대로 구축되어 돌아가고 있지 않다는 반응을 보였다.

마지막으로는 사업에서 적용될 비즈니스 이슈들을 정의하고 우선순위화 하고 있는 것은 완벽하지는 않지만 다른 3가지 영역(Policy, People, Platform)에 비해서는 상대적으로 준비가 어느 정도 되어 있다고 하는 진단결과가 나와 있다. 임원으로서 큰 그림으로 조직 전체를 보고 해결되어야 할 문제들을 구체적으로 알고 있어야 조직혁신과 변화를 이끌어 나갈 수 있다는 것은 이미 상식적인 이야기이지만, AI시대에는 어느 부분과 영역을 건드려야 조직의 부스터 엔진으로 AI가 활성화하게 될지가 중요하다. 다른 영역들을 제도와 시스템으로 묶는다면, 리더는 마인드셋과 역량을 갖추어야 한다. 동시에 조직도 마인드셋과 역량으로 무장되어야 한다. AI를 비즈니스에 접목시키고 실험해 보는 것은 조직구성원들이 해야 할 몫이기 때문이다. 앞서 강조했던 논리적 프로세스에서도 Output(Y)를 얻기 위해 필요한 Input(X)을 만들어내는 것이 중요하고 그것을 위해서 프롬프트인 질문을 어떻게 다양하고 깊이 있게 하느냐의 역량이 Output을 좌우한다는 것을 알게 되었다. 질문역량을 포함하여 AI 전문 역량이 갖춰지면 AI에 필요한 마인드셋도 갖게 되는 것이 훨씬 더 용이해진다.

역량이 개발되고 역량이 활용되면 AI에 대한 저항이나 불안, 의문점 등이 줄어들게 된다. 그래서 혁신의 첫 단계에서 공통의 혁신 tool들을 전사적으로 모든 계층에 교육시키고 AI use case처럼 소규모단위의 혁신 실행과제를 동시다발적으로 전개해 나가도록 전략적인 접근을 하는 것이다. 리더들은 AI 역량을 개발하고 육성시키기 위한 고민을 HRD와 함께해 나가야 한다. 주무부서는 HRD가 되겠지만 교육을 받고 온 구성원들이 현장에 복귀하여 AI use case를 실험하고 적용해 나가도록 지원해주고 방향을 잃지 않도록 하는 것은 리더들의 책임이다. 역량개발 시스템을 구축하기 위하여 역량의 정의를 하는 단계에서도 적극적이고 직접적인 참여와 개입을 해야 한다. 잘못하면 역량 정의가 문서상의 멋진 역량 정의로 그칠 수 있기 때문이다.

AI 필요 역량은 자기 회사의 비즈니스모델에 따라 차별화시킬 필요는 있다. 물론 공통 역량인 AI 솔루션 개발이나 적용기술 등도 있지만 자사형 역량개발을 시도해 보는 것도 필요한 단계라고 생각한다.

실행조직의 구조화

글로벌 기업들의 사례를 벤치마킹하여 일반화시켜 보면 다음 도표와 같다.

회사가 속한 산업이 어디에 위치하는지에 따라 다양하게 접근하는 것 같다. 다음의 예시는 전통적인 계층별 조직에서 AX를 염두에 두고 실행조직을 전문성과 AI 관련 직무의 레벨에 따라 계층을 나누고 역할 정의까지 하는 회사의 경우를 설명하고 있다. CEO와 경영자들은 AI를 비즈니스에 접목시켜 조직의 성과로 연결시키는 전략적 의사결정의 역할을 계속해나가게 하고 팀장과 매니저들은 자기조직에서 AI를 적용하여 업무성과를 지속적으로 향상시키도록 촉진하고 변화관리자의 역할을 하도록 해야 한다. 분야별 전문가 그룹은 데이터전문가로서 머신러닝의 엔지니어로 자사에 적합한 AI 모델을 개발하고 세부 분야에서 전문적인 지원을 하고 문제를 해결해주는 역할을 수행하도록 정의되고 있다. 일반 조직구성원의 바로 위에 위치시킨 생성형AI 사용자들은 일반적인 업무 프로세스 개선과 특정 비즈니스 영역에 생성형 AI를 적용하고 실험하여 성공적인 Use case를 만들고 전파·공유하는 AI실행팀의 미션을 수행하게 설계되어 있다.

그러나 이렇게 조직 자체를 변화시키는 것도 전략적 접근일 수 있지만, 준비가 안 되어 있는 조직을 급하게 바꾸는 것은 변화관리 관점에서 신중해야 할 필요가 있다. 조직구조만 바꿔서는 AI 중심의 혁신을 일으키는 데 한계에 부딪친다. 병행해서 필요역량을 교육시키고 역량 계발을 체계적으로 지속적으로 진행시켜야 한다. 육성 로드맵을 갖추고, 조직 내에 합의를 이루며 HRD를 통해 효과적으로 교육 훈련을 운영해야 한다.

AX 실행 조직구조 예시

CEO 및 경영자	팀장/매니저	분야별전문가	생성형AI 사용자	조직구성원
고성과 프로젝트의 시작과 관리 측면에서 생성형AI기술의 효과적인 통합과 전략적 의사결정을 함	팀내에서 생성형AI의 활용을 촉진시키고 AX의 변화관리자로서 주도적인 역할 수행	회사의 상황과 환경에 적합한 생성형AI 역량 습득과 구현을 가속화하는 역할	일상 업무 및 특정 비즈니스 영역에서 생성형AI 기능을 최대한 효과적으로 사용하도록 하고 가치 창출 시도	회사 차원에서 생성형AI의 배경, 전략, 기본개념을 이해한다

역량개발 시스템 : 육성로드맵

실행 조직을 구조화하면 각 레벨별로 역할과 이에 따른 필요 역량을 정의하고 맵핑을 하여 체계도를 작성하는 것이 효과적이다. 다음 도표는 하나의 예시이고 회사별, 산업별, 비즈니스 모델에 따라 구체화시키고 커스터마이징해야 한다. 왼쪽은 도표1에서 예시로 기술한 조직구조의 계층을 표시했고 순서대로 역할과 역할에 필요한 역량을 설명하고 있다. 도표에 있는 역할을 보면 AX를 위해 필요한 공통적인 역할로 이해하면 된다. AI를 활용한 문제해결과 비즈니스 성과를 도출하는 과정에서 핵심은 데이터 관리라고 볼 수 있다. 데이터 과학자, 분석가, 개발자 등의 역할이 필요하다. 분야별 전문가가 아니더라도 팀장과 매니저들은 기본적인 데이터 관련 지식과 스킬 학습이 필요하다. 전문가들도 AI 활용으로 인한 회사정보의 유출을 방지하고 예방하는 사이버 보안관리자의 역할은 필요하고, 이를 위한 역량으로 AI 윤리와 데이터 프라이버시에 대한 학습이 필요하며 예방 관리 스킬과 태도를 보유하고 있어야 한다.

팀장과 매니저들에게 필요 역량으로 표시된 것 중에 사업 활성화와 사업구축자가 있다. 사업 활성화는 AI를 도입하여 비즈니스에 접목시킬 때 관련 사업의 효율성과 효과성을 극대화시키는 역할을 의미한다. 누누이 강조되고 있지만, AI의 도입과 적용이 목적이 아니라 AI를 통해 사업성과를 얼마나 더 낼 수 있는가가 핵심이기 때문이다. 같은 맥락으로 사업 구축가는 AI를 활용하여 사업아이디어를 촉진시켜 사업모델을 개발하고 실행하여 시장에 진출하고 성과를 얻어내도록 비즈니스 관점을 갖는 것이다.

맨 오른쪽에 역량들은 Off-Line과 On-Line 교육을 통해 체계적으로 운영시키면 된다. 사전 개념교육을 On-Line으로 하고 Off-Line 교육장에서는 직접 실험하고 적용해 보는 실습으로 시간을 관리하는 것도 효과적일 수 있다. 로드맵은 회사의 상황과 조직 구성원들의 현재 사전교육 정도나 사전지식 수준에 따라 순서대로 배열하고 운영하도록 한다.

역량개발 육성 로드맵 예시

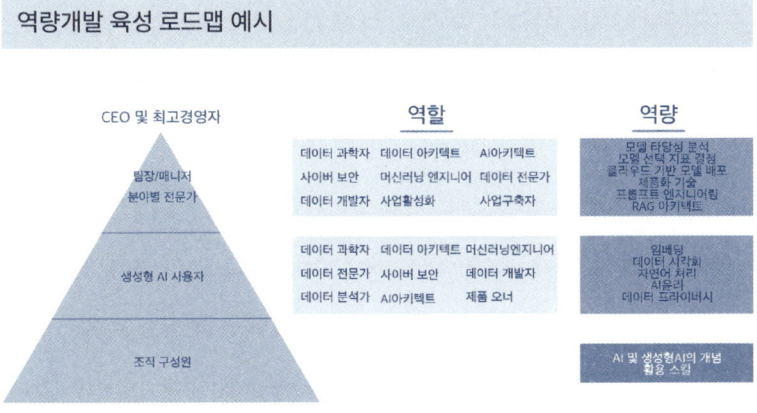

AI기반의 거버넌스 체계구축과 조직문화 만들기

AI리더십이 우선이다

AI 혁신이 성공하려면 지속적이고 일관성 있게 조직 내에서 혁신 활동이 진행되어야 한다. 잠깐의 성공이 AI 혁신의 성공을 보장해주지 않으며, 반대로 발생되는 시행착오와 실패를 보면서 AI 혁신이 실패했다고 단정지을 수도 없는 것이다. 조직에 내재화되어서 작동되어야 AI 혁신이 일상화되고 있다고 평가받을 수 있다. 이를 위해서는 반드시 AI 기반의 조직문화가 재설정되고 재창조 수준으로 관리되어야 한다. 조직문화는 쉽게 변화시킬 수 있는 영역이 아님을 우리는 경험으로 알고 있다. 이미 상식적으로 알고 있는 조직문화에 영향을 미치는 요소들이 일회성으로 변화되고 정착되지 않는다는 것을 많이 보고 경험해왔기 때문이다. 전문가들과 학자들이 주장하는 조직문화에 영향을 미치는 요소들을 종합해 보면 조직이 추구하는 핵심가치와 행동 규범, 리더십, 조직구조와 시스템 등이 공통요소로 거론될 수 있다. 기업별로 추구하는 핵심가치들이 조금씩 차이가 나고 'Way'라는 이름을 명명하여 전 구성원들에게 지향하는 가치와 신념을 공유시키고 있다. LG Way, 현대Way 등으로 이름을 짓고 대외적인 브랜드 전파에도 함께 사용하고 있다. 조직문화를 정립하기 위해 첫 번째로 시도하는 것이 핵심가치 교육이고 계층별로 공통모듈로 편성하여 반복 교육을 시키는 것이 통상적인 접근 방법이다.

하지만 교육이 모든 것을 해결해주지는 않는다. 교육이 끝나고 현장으로 돌아가서 직면하는 이슈는 일하는 방식이나, 리더의 의사결정, 인사평가 등이 지향하는 핵심가치와 괴리가 발생하는 것을 경험하는 순간, 구성원들은 더 혼란스럽게 느끼고 시간이 흐르면 추구하는 핵심가치와 신념 등에 냉소적으로 반응하게 된다. 이러한 중심에 리더들이 위치하고 있고 리더십을 핵심가치에서 벗어나지 않게 발휘하고 있느냐가 조직문화를 만들어 가고 내재화하는데 결정적인 역할을 하게 된다.

흔히들 조직문화를 만들어 가는 것은 최고경영자의 몫이라고 얘기한다. 맞는 말이지만 100% 동의하지는 않는다. 최고경영자가 미치는 영향은 절대적이지만 혼자 이리 뛰고 저리 뛴다고 조직문화 재창조에 성공한다는 보장은 없다고 생각한다. 최고경영자의 지휘 아래 일사분란하게 움직여주고 실제 사업현장이나 생산현장, 글로벌 시장에서 리더로서 핵심가치와 부합된 의사 결정, 소통, 솔선수범을 보여주는 것은 리더 그룹(임원과 팀장들)이다. 임원과 팀장들이 CEO와 호흡을 맞춰서 함께 움직여야 조직에 얼라인먼트가 이뤄지고 조직문화도 회사의 비전과 목표에 맞게 성장·발전할 수 있는 것이다. AI라는 과거의 경험을 뛰어넘는 변화에 빠르게 올라타서 새로운 기회로 만드는데 CEO와 리더 그룹의 합심이 더욱 중요해지고 있다. 기존의 조직문화를 다 지워버리고 AI시대에 새로운 조직문화를 만들라는 의미가 아니다. 다만, AI 기반으로 조직문화를 재창조하자는 것이다. 유지해야 할 것은 그대로 유지시켜야 한다. 예를 들면 고객가치 추구는 AI시대에도 계속 지켜나가야 할 핵심가치가 될 수 있다. 따라서 AI로 인해 바꾸거나 변화가 필요한 부분이 무엇인지를 깊숙이 고민하고 결정해야 한다.

CEO와 리더 그룹이 공감대를 형성하고 회사 전략 방향에 대한 한 방향 정렬을 지속적으로 유지하려면 크게 3가지의 학습이 필요하다.

첫째로는 AX를 위해 리더가 반드시 알아야 할 것들이 무엇인지를 명확하고 구체적으로 학습해야 한다. 예를 들면, AI는 무엇이고 작동원리는 무엇인지, 머신러닝과 딥러닝의 차이는, AI를 비즈니스 현장에 어떻게 활용해야 하는지 등이다.

둘째는 리더로서 의사결정을 내리고 실행하기 위해 필요한 AI관련 프레임워크와 도구(예: 4P진단 도구, 논리적 프로세스)가 무엇인지를 분명히 알고 사용할 수 있도록 교육기회가 제공되어야 한다.

셋째는 실제 리더들이 마주할 수 있는 다양한 상황과 그에 대한 리더십 행동을 사례연구나 시뮬레이션으로 체험시켜야 한다. 기본 학습을 통해 회사가 AX를 추진해 나가는 전략에 대한 공감과 자신들이 리더로서 취해야 할 행동을 숙달함으로써 AX에 필요한 조직문화 형성에 제대로 된 역할을 수행할 수 있게 된다.

조직문화 재창조를 위해 리더들이 해야 할 리더십 행동에 대해서 구체적으로 다루었지만, 반드시 놓지면 안 될 것은 바로 조직구조와 시스템에 변화를 동시에 진행해야 한다는 것이다.

거버넌스 체계구축

그중에서도 특히 AI 혁신을 주도해야 하는 거버넌스체계의 구축은 반드시 제대로 진행해야 한다. 여기서 거버넌스는 AI 시스템의 개발, 도입, 배포, 활용, 모니터링 및 폐기에 이르는 전 과정에 걸쳐, 윤리적, 법적, 기술적 위험을 관리하고 사회적 책임을 다하며, 조직의 목표를 달성하도록 설계된 특화된 체계와 프로세스로 정리할 수 있다. 강력하고 효과적인 AI 거버넌스는 조직문화를 긍정적인 방향으로 이끌고, 동시에 긍정적인 조직문화는 AI 거버넌스를 더욱 굳건하고 유연하게 만드는 유기적인 상호관계가 된다. 그래서 거버넌스 체계의 구축은 조직문화를 AI 혁신과 전략에 제대로 정렬되도록 만들기 위해 필요한 전략적 선택이기도 하다.

거버넌스는 AI 프로젝트가 조직의 전반적인 비즈니스 전략 및 목표와 일치하는지 확인함으로써 AI 투자가 실제적인 비즈니스 성과로 이어지도록 하고, 자원의 낭비를 줄일 수 있다.

또한 거버넌스 체계는 AI 프로젝트의 우선순위를 정하고, 인력, 예산, 데이터 등 한정된 자원을 가장 효과적인 곳에 배분하도록 하여 장기적으로 조직의 혁신 역량을 강화하고, AI 기술을 통해 새로운 비즈니스 기회를 창출할 수 있는 기반을 마련하게 한다.

조직 내 여러 부서에서 AI를 개발하고 활용할 때 발생할 수 있는 중복 작업, 비효율성, 일관성 부족 문제를 해결해 줄 수 있다. AI 개발, 배포, 관리, 모니터링에 대한 표준화된 프로세스와 가이드라인을 거버넌스를 통해 제공해 주면 일관성과 효율성을 유지하게 된다. 거버넌스체계를 통해 데이터 관리를 통일하여 데이터의 품질과 보안을 보장할 수 있다.

거버넌스는 단순히 규제만 하는 것이 아니라, AI 리터러시 확산을 통해 조직 내 모든 구성원의 AI 이해도를 높이고 책임감 있는 AI 사용 문화를 조성하는 데 기여하게 할 수 있다.

여기까지 간략하게 AI거버넌스의 필요성과 역할을 설명했다면 이제는 이를 한눈에 볼 수 있는 체계구축 그림을 보여주려고 한다. 글로벌 기업의 사례들을 참고하고 국내기업의 사례를 살펴보면 종합적으로 공통된 구축 체계가 나오게 된다. 다음 도표를 보면서 상세히 설명하고자 한다. 도표에 나타난 맨 위에 Strategic Governance에서 가장 하단에 위치한 Operational Governance는 위계가 존재한다. 알기 쉽게 단순화하여 설명하자면, Strategic Governance는 전사 차원의 AI 관련 의사결정 위원회라고 할 수 있다. Tactical Governance는 사업본부에 위치하고 있고 Operational Governance는 사업부 단위에서 운영되고 있다고 볼 수 있다. 그러나 각각의 역할이나 권한으로 구분해도 차이가 있음을 이해할 수 있다고 생각한다. 향후에 거버넌스체계를 운영하면서 조직의 성숙도와 준비도가 목표 수준에 근접하다고 판단될 때는 Tactical Governance의 의사결정과 관리 권한을 Operational Governance에 넘길 수도 있다는 것을 이해시키고자 부연설명을 하였다.

그리고 각각의 미션과 역할에 따라 체계에 따라 기능을 해야 하는 해당 조직을 배치해 놓았다. Strategic Governance에는 Data Uiversity와 글로벌 AI적용관리팀, AI조직문화팀을 위치시켰다. Tactical Governance와 Operational Governance에도 그런 기능과 역할을 해야 하는 조직을 포진시키고 있다.

각 체계의 단계와 해당 조직의 기능을 세부적으로 살펴보자.

Strategic Governance는 전사 차원의 비전과 AI 전략을 수립하고 중장기 관점에서 하위조직과의 얼라인먼트를 관리하는 조직으로 구성하였다. 사업에 AI를 적용하는 여부를 최종결정하는 역할을 수행한다.

Data University라는 조직을 만드는 것은 AI를 사업에 적용하는 의사결정을 주도하고 비전과 전략의 조직 내 얼라인먼트를 리딩하는 일들을 중심에 두고 있다. 글로벌 사업이 벌어지고 있는 현장에도 AI를 어떻게 어디에 적용해야 하는지의 이슈가 발생하므로 글로벌 AI 적용관리팀이 그에 대한 지역의 현실에 맞는 우선순위나 관리 이슈들을 해결해주고 글로벌 조직과 의사소통을 하는 기능을 하도록 한다. 기존의 HR이나 조직문화팀이 존재했음에도 불구하고 AI 조직문화팀을 이 위치에 둔 것은 AI 기반의 조직문화 재창조를 강조하고 새로운 AI 인재상을 만들어가려는 전략적 의도가 반영된 것이다. 그러나 회사가 처해있는 상황과 맥락에 따라, 기존의 HR이나 조직문화팀에게 이 미션을 주고 통합하여 명칭을 새로 만들고 운영하는 것도 방법이다.

AI관련 전문인력 확보는 물론 필요하다. Data University라는 조직도 Data Center와 그룹연수원들을 통합하여 이 기능을 부여하는 Governance의 구축도 검토해 볼 만하다. 회사의 규모와 인력을 감안한 가장 합리적인 선택이 필요하다. 이 또한 최고경영자와 임원들의 몫이기도 하다.

Tactical Governance는 AX 전략을 조직에서 실행할 때 전략이 구체적인 실행과제로 전환될 때 각 실행과제들이 실제로 해결되고 성과로 나타나도록 지원해주는 기능을 하도록 조직을 구성하였다. 큰 그림을 그리고 방향성과 미래전략을 집중적으로 다루는 상위거버넌스와 달리 직접적으로 사업에 적용되는 AI를 관리하고 지원해야 하는 것이다. 전사연수원들이 이 역할을 해야 한다. 연수원이 이 단계에도 위치하고 Operational Governance 단계에도 위치시키는 것은 단순 교육과 관련한 콘텐츠 제공에만 그치는 것이 아니라 전략 과제를 다루는 단계부터 개입하도록 하여 전략적 얼라인먼트를 놓치지 않게 하려는 고려라고 이해하면 된다.

내 경험으로도 이 정도면 충분히 필요한 위치선정이라고 생각한다. 연초에 사장단 W/S을 그룹연수원 주도로 운영하게 하면 W/S설계 단계부터 개입함으로써 향후 결과물로 나오는 그룹 전략과 회사별 과제들의 전후 상황을 충분히 알게 되기 때문에 각사로 과제들이 Cascading되고 교육으로 지원할 때 항상 그룹전략과의 얼라인먼트를 유지할 수 있게 된다. 맨 끝에 위치한 콘텐츠 프로바이더라는 조직은 AI 관련 교육내용을 제공하는 외부전문 컨설팅조직으로 보면 된다. 장기적으로는 내부 전문가들이 육성되고 확보되겠지만 지금 시점에서는 외부 전문가의 도움을 받는 것이 더 효과적이고 전략적인 접근이다. 데이터 엔지니어링팀은 대량의 데이터를 수집, 저장, 처리 및 관리하여 데이터 분석가들이 효율적으로 사용할 수 있도록 시스템과 인프라를 관리하는 역할을 한다. 특히 데이터 거버넌스 및 보안을 관리하는 기능을 하도록 하여 데이터의 품질, 보안, 무결성을 보장하도록 정책과 절차를 수립하고 실행하도록 해야 한다. AI에 활용되는 데이터의 사내보안 이슈와 윤리적 이슈가 수면위에 떠오르고 있기에 이 부분을 관리하는 조직이 있어야 하기 때문이다.

AI 공장은 AI모델을 대량으로 생산하기 위한 자동화된 공장을 의미하며 데이터 수집부터 모델 학습, 배포 그리고 운영 및 유지·보수까지 모든 단계를 한 곳에서 체계적으로 관리하고 자동화하여 AI 개발의 속도와 효율성을 극대화시키기 위한 조직이다. AI 혁신의 중간단계인 실험단계에서 모델개발과 학습이 중요한 과정이므로 이것을 지원하고 과정과 결과를 모니터링하며 유지·보수해 주는 AI Factory의 위치는 매우 중요하다. 그러나 현실적이고 냉정한 분석과 검토, 그리고 투입될 자원여부를 따져보고 이 기능의 조직을 만들지를 결정해야 한다.

자체 조직이 아니더라도 외부전문기관과의 계약과 파트너십도 가능하기 때문이다.

마지막은 Operational Governance이다. 아무리 제대로 된 인프라가 구축되어도 운영단계가 제대로 진행되지 않으면 성과로 연결되지 않는다. 연수원에서는 AI 공통 모듈을 계층별로 전파하고 분야별 전문가 교육도 병행하면서 현장과 지역별로는 현장연수센터에서 주로 적용 실습 위주의 교육과 이슈별 대응 교육을 진행하는 것이 효과적일 것이다.

캠퍼스 랩은 사업에 적용하고자 하는 Use Case들을 직접 가지고 와 실험하게 하는 장소 제공과 자문 역할을 하면 AX를 활성화하고 촉진시키는 데 주요 역할을 담당할 수 있을 것이다.

기술지원팀은 당장 일어나는 기술적인 문제를 바로 해결해 주는 역할을 한다고 보면 된다. A/S센터 같은 역할도 필요하기 때문이다.

조직문화를 재창조하는 것이 AX에는 필수라고 생각한다. 그 중심에는 CEO와 임원들인 리더 그룹이 있고 AI 리더십과 함께 거버넌스 체계를 구축하고 잘 운영되도록 리더십을 발휘해야 한다. 그러나 멋진 거버넌스체계가 구축된다고 저절로 잘 돌아가지 않는다. 그것이 현실이다. 지속적으로 현장에서 일어나는 과정을 모니터링하고 같이 고민하고 소통하면 신속하고 구체적인 조치를 하여 장애물을 치워주고 다시 해보도록 격려하고 지지해줘야 한다. 발생한 문제가 기술적인 깊이가 깊어 잘 모를 때에는 전문가를 불러 같이 학습하고 배우면서 해결나가면 된다. 결정론적인 관점에 너무 빠져들 필요는 없다. AI는 누구도 처음이기 때문에 유연한 가설지향적 관점으로 의사결정 스타일을 바꿔나가면 된다.

한국형, 그리고 내 회사에 맞는 AI거버넌스 체계구축을 위해 지속적으로 고민하시는 리더들이 되시기를 기대한다.

조직 내 AX 활용 정착을 위한
배움과 나눔의 리더십 적용

질문의 리더십

AX가 조직 내 정착되고 성공 사례들이 공유되려면 조직도 AX가 지속될 수 있게 변화되어야 한다. 그 중심 역할을 해야 하는 리더들의 리더십이 본질과 기본기를 바탕으로 조금씩 변화되어야 한다. 특히 우선순위와 강조되는 영역들이 각종 연구 보고서나 책들에서 제시되고 있다. 공통적으로 주장하고 있는 것은 조직문화를 재창조해야 한다는 것이다. AI라는 새로운 변화요인들이 조직의 성과와 직결되기 위해서 학습과 경험의 공유, 실패를 두려워하지 않도록 의미 있는 실패가 용인되는 문화를 조성해 나가는 것이 중요하다는 것이다. 이것의 의미를 가장 잘 표현하고 있는 단어가 '배움과 나눔'이라고 생각한다. 배움과 나눔의 조직문화를 만들어 가는 리더십이 리더에게 부여된 숙제이자 실천해야 할 리더십 행동이다. 배움과 나눔이 조직 내에 정착되고 내재화되려면 우선적으로 필요한 것이 질문의 리더십이라고 생각한다. AI 이전에도 질문력 또는 질문의 리더십의 중요성이 강조되어 왔다. 일방적인 지시와 결정보다는 질문을 통해 문제의 본질을 파악하고 상호작용을 통해 더 나은 해결안을 수립해가고 그 과정을 통해 진정한 소통이 일어나며, 그렇게 결정된 사안은 확실한 공감대가 형성되면서 실행력을 배가한다는 것은 리더들이면 공통적으로 알고 있는 사실이다. 이대로 실천이 어려워서 리더들에게 반복적인 훈련과 피드백이 필요한 것이다.

AI를 실험하고 적용해 나가는 과정은 누구도 성공을 확신할 수 없고 경험해 본 사람도 없기 때문에 불확실성을 최소화하는 것이 중요하다. AI 이전에도 집단지성을 활용하여 문제를 해결해내고 혁신과 변화를 성공시키려는 전략적 접근이 지속되어 왔고, 이를 위해 협업체계를 구축하고 효과적으로 운영해 나가려는 시도도 계속되어왔다. 특히 AI 시대에는 기술이 워낙 복잡하고 다양한 분야에 걸쳐 있기에, 어느 한 사람의 역량만으로는 혁신을 이끌어내기 어려우며, 각 분야 전문가들의 지식, 현업 실무자들의 경험, 그리고 리더의 통찰이 모두 어우러질 때 비로소 진정한 시너지가 발휘될 수 있게 된다. 이런 의미에서 협업과 정보 공유의 중요성은 과거 어느 때보다 더 강조되고 있다.

AI라는 도전에 직면하여 집단지성을 체계화하고 협업시스템을 제대로 작동시켜야 하는 필요성에 직면하면서 리더의 질문역량이 화두가 되어 가고 있다. 또한 AI를 일 시키는 방법이 입력하는 질문부터 시작되고, 얼마나 제대로 질문하느냐가 결과에 결정적인 영향을 주고 있음을 경험하고 있기 때문이다.

큰 그림을 공유하는 질문들

리더는 조직구성원과 1일 또는 반나절이라도 같이 W/S을 준비하여 다음의 질문들에 대해 토론하고 그 과정에서 진정성 있고 명확한 소통을 해보는 것이 필요하다. 배움과 나눔의 조직문화를 만들기 위한 첫걸음이 된다.

첫 번째로 던지는 질문은 "우리가 추구하는 AI 시대의 궁극적인 비전과 목표는 무엇이며, 그것이 조직 구성원 각자에게 어떤 의미로 다가가는가?"이다. 이 질문을 통해 현재 우리 조직이 어디에 위치하고 있고 어디로 가야 하는지 조직 차원의 관점을 모두 함께 해보도록 촉진시키는 것이다. 리더가 일방적으로 비전을 선포하는 대신, 이러한 질문을 던짐으로써 구성원 개개인의 AI에 대한 이해, 기대, 그리고 우려를 집단적으로 탐색할 수 있고, 다양한 관점에서 비전이 어떻게 해석되고 공감되는지 확인하며, 이를 통해 더 현실적이고 포괄적인 목표를 수립할 수 있다.

두 번째는 "AI 기술이 우리 조직의 비즈니스 모델, 프로세스, 고객 가치를 어떻게 근본적으로 변화시킬 수 있다고 생각하는가?"이다. 이 질문은 현업의 다양한 부서(마케팅, 영업, 생산, 서비스 등) 구성원들이 각자의 업무 영역에서 AI가 가져올 변화를 상상하고 토론하는 과정을 거치게 하여 막연하게 생각해 왔던 AI의 변화를 현실적이며 혁신적인 AI 적용 아이디어로 연결시키고 구체화시킬 수 있게 한다.

세 번째 질문은 "AI 도입 과정에서 발생할 수 있는 잠재적 위험, 비효율성, 혹은 예상치 못한 문제점은 무엇이며, 이에 대해 우리가 함께 어떻게 대비할 수 있을까?"이다. 이 질문은 '심리적 안전감'을 바탕으로 다양한 우려와 문제점을 자유롭게 표출하도록 유도할 수 있고, 기술적 한계, 윤리적 문제, 구성원들의 저항 등 숨겨진 위험 요소를 조기에 파악하여, 각 전문가의 지식과 경험을 활용하여 선제적인 해결 방안을 모색하게 할 수 있다.

네 번째 질문은 "현재 우리 조직에 필요한 AI 관련 역량과 지식은 무엇이며, 이를 효과적으로 배우고, 내부적으로 공유하며, 외부에서 어떻게 확보할 수 있을까?"이다. 이 질문을 통해 본격적인 배움과 나눔의 활동계획을 구체화할 수 있다. 구성원 스스로 필요한 역량을 인식하고, 누가 어떤 지식을 가지고 있으며 어떻게 나눌 수 있을지 논의하게 되며, 또한, 학습 조직으로서 내부 역량 강화와 외부 지식 확보 전략을 집단적으로 수립하여 조직 전체의 학습 속도를 높일 수 있다. 이 과정에서 만약 HRD가 준비하고 있거나 운영 중에 있는 역량개발 시스템이 있다면 이것과 연계하여 구성원들의 교육 참가 계획과 지원 계획을 함께 수립할 수 있다.

AI 과제를 실험하고 적용하기 전에 이런 질문을 하고 같이 공유하면 실패를 두려워하지 않는 조직문화를 조성하는 데 도움이 될 것이다.

"새로운 AI 기반 아이디어나 프로젝트를 실험할 때, 우리는 '실패'를 어떻게 정의하고, 그 실패를 통해 어떤 것을 배우고 다음 시도로 나아갈 수 있을까?"

이 질문은 실패를 단순한 실패가 아닌 '학습의 기회'로 조직 전체가 인식하도록 촉진하는 질문이 된다. 여러 구성원이 실패

사례를 함께 분석하고, 그 과정에서 얻은 교훈을 공유하여 향후 의사결정이나 프로젝트 설계에 반영함으로써, 조직 전체의 경쟁력을 업그레이드시킬 수 있다. 배움과 나눔이 실제로 작동되기 위해 리더가 반드시 관리해야 할 영역이기도 하다.

다섯 번째 질문은 협업체계 구축을 위해 같이 답해야 할 질문이다. "AI 시대의 복잡한 문제를 해결하기 위해, 누가 어떤 방식으로 서로 더 긴밀히 협력해야 하며, 부서 간의 장벽을 어떻게 허물 수 있을까?" 리더는 이 질문을 통해 전문가들 간의 자연스러운 협력 네트워크를 촉진하고, 기존의 조직 구조나 부서 이기주의로 인해 발생할 수 있는 지식 공유의 장벽을 인식하고 해소하는 방안을 함께 모색하도록 할 수 있다. 조직 전체의 시너지 창출을 목표로 해야한다.

마지막으로는 "AI 시대에 우리가 추구해야 할 윤리적 가치와 책임감 있는 AI 사용을 위한 행동 원칙은 무엇이며, 이를 우리 조직문화에 어떻게 내재화할 수 있을까?"에 대한 질문이다. 이 질문은 이슈로 다가오고 있는 AI 윤리문제로, 이는 기술 전문가뿐만 아니라 법률, 인사, 마케팅, 경영 등 다양한 배경을 가진 구성원들의 다각적인 논의가 필수적이며, 리더는 이 질문을 통해 윤리적 원칙과 행동 규범을 조직이 함께 수립하게 하고, 이를 실제 업무에 적용하며 지속적으로 개선해 나가는 문화를 조성해야 한다. 이 과정에서 컨센서스는 향후 계속 관심을 가져야 할 변화 관리에 중요하게 작용함을 리더는 기억하고 있어야 한다. 큰 그림을 함께 그리는 과정이 마무리되면 현장에서 필요한 것은 집단지성을 활용하여 다기능팀들이 AI 과제를 실험하고 적용해 나가는 협업 시스템이 효과적으로 운영되도록 해야한다. 리더의 질문 역량이 발휘되어야 하는 단계이기도 하다.

배움과 나눔을 촉진하는 질문

구성원의 사고를 활성화시키기 위한 질문으로 조직구성원들이 문제의 본질을 깊이 이해하고, 틀을 깨는 창의적인 생각을 하도록 이끄는 질문의 예시이다.

"우리가 지금껏 당연하게 여겨왔던 전제는 무엇이며, 만약 그 전제가 틀렸다면 어떤 새로운 가능성이 열릴까요?"

"이 문제를 해결하기 위해 기술(AI 등)을 활용한다면, 어떤 방식으로 접근할 수 있을까요?"

"만약 제약이 전혀 없다면, 이 문제에 대한 가장 이상적인 해결책은 무엇일까요? 그 이상적인 해결책에 도달하기 위한 첫걸음은 무엇일까요?"

"고객의 입장에서 본다면, 현재 우리의 접근 방식에서 가장 개선이 시급한 부분은 어디일까요?"

"우리가 이전에 성공했던 사례나 실패했던 경험에서 얻을 수 있는 교훈은 무엇일까요? 그 교훈을 여기에 어떻게 적용할 수 있을까요?"

위의 예가 개인 차원에 사고를 촉진하기 위한 질문이라면 팀 활동을 하게 될 때 협업을 통한 시너지를 극대화하기 위한 질문으로 다양한 배경과 전문성을 가진 구성원들이 서로의 강점을 결합하고, 함께 더 큰 가치를 창출하도록 촉진시키는 리더의 질문이 아래에 있다.

"각자의 전문 분야에서 이 문제에 기여할 수 있는 독특한 관점이나 아이디어는 무엇이 있을까요?"

"다른 팀이나 부서의 경험을 빌려온다면, 이 상황을 해결하는 데 어떤 도움이 될까요?"

"우리 모두가 함께 추구하는 이 프로젝트의 궁극적인 목표는 무엇이며, 각자의 역할이 어떻게 그 목표 달성에 기여할 수 있을까요?"

"만약 우리가 서로의 업무와 자원을 연결할 수 있다면, 지금보다 어떤 시너지를 만들어낼 수 있을까요?"

"서로의 의견 차이를 존중하면서도, 하나의 통합된 해결책을 찾아 나가기 위해 우리는 어떤 노력을 더 할 수 있을까요?"

회의나 토의 시 모든 구성원이 적극적으로 참여하고, 건설적인 대화가 이어지도록 격려하며, 결론 도출을 돕는 질문들도 있다.

"방금 제시된 의견에 대해 각자 어떻게 생각하시는지, 한두 문장으로 자유롭게 말씀해주실 수 있을까요?"

"이 의견의 장점은 무엇이라고 생각하시며, 혹시 고려해봐야 할 단점이나 위험 요소는 없을까요?"

"지금까지 나눈 이야기들을 바탕으로, 가장 중요한 핵심 메시지는 무엇이라고 생각하십니까?"

"혹시 아직 발언하지 않은 분들 중에서, 나누고 싶은 추가적인 생각이나 질문이 있으실까요?"

"다양한 의견이 나왔는데, 이것들을 통합하여 다음 단계로 나아가기 위한 구체적인 액션 플랜을 제안해 주실 분이 있을까요?"

이러한 질문들은 리더의 지시로 시작되지 않고, 구성원 스스로 사고하고 연결하며 집단지성을 발휘하도록 돕는 촉매제가 될 수 있다. 조직문화는 거창한 전략도 필요하지만 가장 핵심인 현장에서 리더가 하는 리더십 행동을 통해 보여지고 정착되어야 한다. 지시 이전에 질문을 통해 함께 고민하고 해결해 나가는 과정에 효과적으로 지속되고 시간과 경험이 축적된다면 AI

와 함께 일하는 배움과 나눔의 조직문화도 어느새 자연스러운 모습으로 받아들여지는 날이 올 것이다.